中华先烈人物故事汇

军事科学院解放军党史军史研究中心

学习出版社

目 录
Contents

引　子

　　项英（1898.5—1941.3）原名项德隆，湖北武昌人（今湖北省武汉市江夏区）。1922年4月加入中国共产党。早期主要从事工人运动和党的工作，曾任湖北省工团联合会组织主任、京汉铁路总工会总干事等职。项英是党的二大代表，在党的第三至第六次代表大会上，均当选为中央委员。1928年7月，在党的六届一中全会上当选为中共中央政治局委员、常委，被誉为"工人阶级的英雄"。大革命失败后主要在武汉、上海等地从事党的秘密工作，先后任中央职工运动委员会书记、共产国际监察委员会委员、中华全国总工会委员长、中共江苏省委书记、中共中央长江局书记等职。

　　1930年12月至1934年10月，项英在中央苏区先后任苏区中央局代理书记、中央革命军事委员会主席、中华苏维埃共和国中央革命军事委员会代理主席、中华苏维埃共和国临时中央政府副主席、中共中央政治局委员、书记处书记等重要领导职务。其间，先后筹备召开中华苏维埃临时中央政府第一次、第二次代表大会，负责主持起草和颁发了中华苏维埃临时中央政府的许多法规，提议组建中国工农红军总政治部、确定中国工农红军成立纪念日（八一建军节）、制定《工农红军纪律暂行条令》《中国工农红军誓词》、建立红军中的授旗授勋制度、统一红军的编制体制、参与指挥中央苏区第二至第五次反"围剿"作战等重要活动，为工农红军的发展壮大，加强苏维埃政权和根据地的建设作出重要贡献。

1934年10月，中央红军主力长征离开苏区，根据中共中央决定，项英任苏区中央分局书记、中央军区司令员兼政治委员和中央军委分会主席，指挥留在中央苏区的红军部队和地方武装，掩护红军主力进行战略转移。在与中央失去联系、孤军奋战、极为艰难困苦的情况下，领导南方红军游击队坚持了三年游击战争，坚守南方游击区的重要战略支点，为中国革命保留了一支重要的武装力量。

1937年7月，抗日战争全面爆发后，中国共产党在武汉同国民党当局谈判并达成协议，将分散在南方8省的红军和游击队（琼崖红军游击队除外）改编为国民革命军陆军新编第四军（简称"新四军"），叶挺任军长，项英任副军长和中共中央东南局书记、中央军委新四军分会书记等重要领导职务，指挥新四军转战大江南北，积极开展抗日游击战争。1941年3月14日，在皖南事变中被叛徒杀害。

1998年5月，经党中央批准，解放军总政治部、中央党史研究室举行纪念项英同志诞辰100周年座谈会，时任中央政治局委员、中央军委副主席、国务委员兼国防部长迟浩田代表中央和军委讲话时指出，"项英同志是杰出的无产阶级革命家，工人运动的著名活动家，党和红军早期的领导人之一，新四军的创建人和主要领导人之一、抗日战争的名将之一"，高度评价了项英为中国人民解放事业所建立的历史功绩。

工人运动领袖

积极从事工人运动，
走上革命道路

1898 年 5 月，项英出生于湖北省武昌县一个职员家庭。原名项德隆，又名德龙。参加革命后，化名江钧、江俊、夏英、项英等（以下统称项英）。

项英的祖籍是武昌县舒安乡项家村，祖父因会种花卉、培植盆景，就由乡下搬到武昌城涵三宫落户，以种植花卉为业，当地人称他家是"项家花园"。父亲是武昌县府里管理钱粮簿册的职员，为人忠厚老实。母亲夏氏，善良能干。因此，项英少时的家境还比较殷实。

项英 7 岁时进入武昌育才小学读书。他聪明伶俐，学习刻苦，各科成绩都很优秀，特别是作文写得非常好，经常作为范文得到老师的赞扬。学习之余，还经常帮助父亲誊抄钱粮簿册，减轻了父亲的劳动负担，因此很得父亲的欢心。由于常写常练，他也练就了一手漂亮的毛笔行书字。

项英12岁那年，因父亲不幸病亡，家境迅速恶化。他为了帮助家庭维持生活，不得不放弃读书，先是进商店当学徒，后又进工厂当学徒。当时，项英的叔父项仰之是武昌慈善会会长，也是当地有钱有势的人，项英的亲友看他家的日子过得艰难，就劝他找项仰之给些帮助。但项英却对亲友说，我就是饿死也不会去求他的。项英这些话传到项仰之的耳朵里后，便找到项英的母亲当面骂项英是个"不孝之子"。项英却理直气壮地对母亲说：他是个欺压老百姓的人，我不仅不能孝他，将来还要打倒他。

1911年10月10日，辛亥革命首先在武昌爆发，各地纷纷响应，推翻了清政府，结束了中国2000多年的封建君主专制。1912年元旦，孙中山作为临时大总统，宣布中华民国成立。

辛亥革命胜利了，大清国被推翻了。对此，项英后来在个人自传中写道：这场革命对我的家庭生活并没有带来什么变化，我只不过是剪掉了一条辫子，但"革命"二字对我影响却是深远的。

1913年，15岁的项英到武昌城模范纺织厂当学徒，他虽然年纪很小，但因为比较有文化，勤学苦练，样样工作都完成得很好，平时还经常帮助工友写信、读报等，很受工友们的喜欢，这也为他日后从事工人运动奠定了基础。

1917年冬，项英从《汉口新闻报》上得知列宁领导俄国十月革命胜利的消息，受到很大鼓舞。他在给工友们读报纸的时候说，俄国工人阶级能起来革命，推翻资产阶级的统治，中国工人阶级也应该能够起来革命，打倒资产阶级。

1919年5月初，报纸上刊登消息披露在巴黎和会上，中国政府向日本索回山东胶州湾的要求遭到拒绝。5月4日，北京学生举行大规模集会游行，高举"还我青岛""取消二十一条"等字样的旗帜，高呼"外争国权，内惩国贼"的口号，全国各地工人和各界人士深表同情，纷纷支持北京学生的爱国斗争，这些都对年轻的项英产生了很深的影响。

五四运动后不久，董必武、陈潭秋等具有初步共产主义思想的知识分子，在武汉办起工人夜校，传播马克思列宁主义，宣传反帝反封建的思想。项英听说后，最先报名参加了这所工人夜校学习，开始接受了马克思主义。1921年7月23日至8月初，中国共产党第一次全国代表大会在上海和浙江嘉兴举行。这次大会通过的《关于当前实际工作的决议》是中国共产党的第一个决议，把发展工人运动作为党成立后的中心任务，强调党要加强对工人运动的领导，大力发展工会组织。根据党的一大决议的精神，党中央于8月在上海成立了中国劳动组合书记部，作为中国共产党公开领导工人运动的总部机关，并出版了指导工人运动的刊物《劳动周刊》。

1921年10月，党的一大代表、中共武汉地方委员会书记包惠僧在武汉，组建全国劳动组合书记部长江分部（不久改为武汉分部）并兼分部主任，在武昌察院坡的时中书店建立《劳动周刊》武汉发行处，用以广泛宣传劳动组合的主张。此时，项英作为《劳动周刊》的热心读者，经常到那里去阅读进步书刊，也因此与包惠僧相识。

当时，为了推动武汉江岸铁路工人运动的发展，包惠僧和李汉俊（上海党组成员）、陈潭秋（武汉党组成员）等商量，准备派人去组织江岸京汉铁路工人俱乐部。就在这时包惠僧接到项英的一封信，说有些问题想当面请教。对此包惠僧立即复信，约项英到武昌黄土坡16号寓所面谈。通过这次谈话，包惠僧认为项英是个有思想、有抱负的年轻人，就问他是否愿意到江岸铁路工区筹建工人俱乐部，工资和生活费用由全国劳动组合书记部长江分部负责，项英对此毫不犹豫地答应了。

江岸是京汉铁路最大的工区，有车务段、车辆厂、修理厂、材料厂等单位，居住着3000多名铁路工人。因此，武汉分部确定把建立江岸京汉铁路工人俱乐部，作为武汉地区工人运动的一个重点来抓。几天后，包惠僧邀请项英和江岸铁路各帮口的工人代表杨德甫、林祥谦等座谈，商量筹建工人俱乐部的事宜，并指定项英为筹备处文书，具体负责俱乐部的筹备工作。对此，项英在自传中说，这是他从事革命活动后担任的第一个职务。

1921年12月底的一天，项英离开模范大工厂，前往江岸龙王庙，担当起筹建江岸京汉铁路工人俱乐部的重任，他在龙王庙前挂起"江岸京汉铁路工人俱乐部"的招牌，开始在江岸铁路工人中积极开展工作，深得工人的信任和拥护，当时许多工人称他为"项先生"。由于项英的努力工作，京汉铁路江岸工人俱乐部很快就打开了局面。

1922年1月22日，江岸京汉铁路工人俱乐部在老君殿举行成立大会。这一天细雨蒙蒙，天气很冷，然而老君殿却像办喜事一样，热闹非凡，京汉铁路附近各厂的许多工人自发到会。郑州、信阳、驻马店等火车站和粤汉铁路的工人代表等也都应邀到会。包惠僧作为中共武汉地方委员会书记和中国劳动组合书记部的代表，李汉俊作为武汉市政督办公署总工程师也应邀参加。会场正中悬挂对联"机器巧夺天工""劳动创造世界"，横幅"劳工神圣"。这副对联是项英拟定的，到会的工人群众都说这副对联写出了工人们的气概和心里话。

当天上午 10 时会议正式开始。首先是项英报告了江岸京汉铁路工人俱乐部的筹备经过，讲述了成立工人俱乐部的重要意义和工人俱乐部的性质和任务；包惠僧作了《新文化运动与工人运动》的报告；李汉俊作了《日本劳动组合情况和中国工人组合的步骤》的报告。会议宣告江岸京汉铁路工人俱乐部正式成立，项英、林祥谦、曾玉良等当选为干事，施洋被聘请为法律顾问。

江岸京汉铁路工人俱乐部正式成立的大会，对武汉地区工人运动的发展起着巨大的动员和推动作用，江岸广大铁路工人们称赞"俱乐部是工人的家"。其中，许多工人在俱乐部和工会夜校的教育下，走上了革命的道路。项英积极参加工人运动，创办工人俱乐部成绩显著，政治上进步很快，在工人中间也树立起很高的威信。1922 年 4 月初，项英在包惠僧的介绍下加入中国共产党。这时，武汉地区共产党员的人数总共不过十几个人，项英也由此成为武汉地区党组织初创时期最早的共产党人之一。随后不久，江岸京汉铁路工人俱乐部正式改为江岸京汉铁路工会，以项英为书记。

领导二七大罢工，参加党的
二大、三大

1922 年夏季，中共武汉地方委员会改为武汉区执行委员会，项英为区委委员并分工负责领导工人运动。同年 6 月，根据中共武汉党组织的安排，项英前往汉阳钢铁厂去帮助筹建工会。

当时，武汉地区资本家对工人运动的迅猛发展非常恐惧，便勾结湖北督军萧耀南派兵镇压，武力封闭工会，逮捕工会领导人，妄图扼杀刚兴起的工会组织。对此，项英清楚地知道，如果不对军阀和资本家展开积极的斗争，不仅起码的劳动条件难以保持，工会更是难以建立起来。于是，他和武汉地区党组织和工会的负责人许白昊、林育南、林育英（张浩）等一起，紧紧依靠汉阳钢铁厂的 7000 多名工人，寻找有利的时机进行反击。

在钢铁厂，炼钢炉、炼铁炉昼夜不停地运

转，如果停火超过一周的时间，钢水、铁水就会冷却在炉子里，使炼钢炉、炼铁炉报废。项英便决定利用铁水出炉前的有利时机，领导汉阳钢铁厂的工人举行罢工，并且提出：厂方要承认工会的合法地位，给工人增加工资，改善工人的劳动条件等。

一夜之间，工人突然宣布罢工，巨大熔炉停火了，沸腾的钢水、铁水迅速降温不再向外流了。这一来可把汉阳钢铁厂的资本家吓坏了，他们担心冷却的钢水、铁水会使熔炉报废，便急忙勾结军阀调来军警威胁工人，要工人快点复工。

可是，钢铁厂的工人在以项英为首的工会领导下，坚持罢工并明确表示：不答应条件，决不复工！

于是，工人和厂方资本家形成了僵持的局面，一天过去了、两天过去了……直到第五天，资本家支撑不住了。为了保住炼钢炉、炼铁炉，厂方被迫答应工人提出的全部条件。

汉阳钢铁厂的罢工斗争，不仅打击了这个厂的资本家，而且使武汉的军阀和其他资本家受到震惊，大大鼓舞了广大工人的斗争热情，工人参加工会的人数飞速增加，武汉地区的工会如雨后春笋般地建立起来，项英也在领导工人运动中迅速成长起来。

1922年7月16—23日，中国共产党第二次全国代表大会在上海召开，项英作为武汉区党组织的代表，参加了党的二大。对此，项英在自传中写道："在这次会上，和其他地区的陈独秀、张国焘、李达、蔡和森、谭平山、李震瀛、杨明斋、王尽美、施存统、许白昊、罗章龙等代表着全党一百九十五名党员，以极大的政治热情，参与了中国共产党党纲、党章的制定，讨论并通过了加入共产国际、工会运动等一系列决议案。"

项英虽然是第一次到上海，但他顾不上在黄浦江畔观看风光，满脑子想的是如何把工人组织起来，如何提高工人的政治地位，如何改良工人的生活待遇等问题。为此，他在会议结束后便立即乘轮船返回武汉。根据党的二大通过的工人运动议案精神，1922年7月底，中共武汉区委决定将武汉的20多个工会组织，包括汉阳钢铁厂、扬子机器厂和江岸铁路工会及大冶钢铁厂工人俱乐部等，共3万名会员联合起来，正式建立起武汉工团联合会，这也是当时全国建立最早、最大的一个地方总工会。10月10日，武汉工团联合会改称为湖北全省工团联合会，杨德甫为主席、项英为组织主任、林育南为宣传主任、许白昊为秘书主任、施洋为法律顾问等，把湖北全省的工人运动进一步推向高潮。12月底，湖北全省工团联合会已经发展有27个工会，4.8万多名会员。

在中国工人运动的发展过程中，铁路工会发展很快，其中京汉铁路工会的组建和发展又走在斗争的前列。

京汉铁路于1898年开始修建，1906年建成通车，北起北京、南至武汉，全长1000余公里，为中国腹地最早的交通大动脉，政治、经济、军事地位极为重要。时任北洋政府直鲁豫三省巡阅使的吴佩孚很重视京汉铁路，因为他的军饷支出，大部来自京汉铁路的收入，因而京汉铁路也是他推行"武力统一"政策的最重要的交通线。

1922年8月10日，中共党组织决定成立京汉铁路总工会筹备委员会，并委任项英为总干事，杨德甫为主任委员，具体负责筹备事宜。项英在筹备京汉铁路总工会的过程中，十分重视培养工人运动的骨干，他作为入党介绍人，先后把林祥谦、施洋等一批工人运动中的积极分子吸收到党内来。

1923年1月5日，京汉铁路总工会筹委会确定2月1日在郑州举行京汉铁路总工会成立大会。当时，京汉铁路总工会成立大会的筹备工作是公开进行的，所以，还在上海、北京、武汉、广州等城市报纸公开刊登报道和广告，向全国有关团体、新闻单位发出邀请函电。

同年1月下旬，京汉铁路各站工会参加会议的代表陆续抵达郑州，一些社团代表和新闻记者也先后到达。中共中央代表张国焘、全国劳动组合书记部副主任罗章龙等，也从北京到达郑州参加京汉铁路总工会成立大会的活动。

京汉铁路工会运动的迅猛发展，让吴佩孚非常恼火，便在1月29日，电令驻郑州的第14师师长兼警备司令靳云鹗，对京汉铁路总工会开成立大会要"预为防范，设法制止"。于是，郑州警察局长黄殿辰拿着吴佩孚给靳云鹗的电报，气势汹汹地到花地岗玉庆里四号总工会筹委会宣称："吴大帅（指吴佩孚）有命令，禁止在郑州开总工会成立大会。"项英和筹委会工作人员对此非常气愤，据理力争，表示大会仍按计划进行。为此，吴佩孚来电要工人派代表去洛阳谈判。1月30日，工会方面立即派杨德甫、史文彬等5名代表前往洛阳与吴佩孚交涉，项英等留在郑州为开会继续准备。

骄横的吴佩孚在接见工会代表时盛气凌人，说来说去，就是不同意开会。代表们与之激烈争论，仍无结果，只好返回郑州再作商量。1月31日晚，杨德甫等5名代表从洛阳返回郑州，向项英等人报告了与吴佩孚谈判的经过。对此，到会代表一致表示不能让步，因为成立京汉铁路总工会的广告已经发出，各地代表已经到会，如果总工会不能如期成立，必将损害工会的声誉，挫伤工人的积极性。因此，会议应如期举行。

2月1日清早，参加京汉铁路总工会成立大会的代表和各地来宾，在郑州的五洲、福昌等旅店早早地起了床，准备去参加大会。但此时的郑州风云突变，根据吴佩孚的命令，郑州驻军第14师师长兼警备司令靳云鹗和郑州警察局长黄殿辰已经实行全城紧急戒严，荷枪实弹的军警沿街设卡，阻拦工人去参加会议。项英等人看到这种情景，不为武力所屈服，作为京汉铁路总工会筹委会的总干事，在队伍前面指挥着队伍，边走边带领高呼"劳工神圣""争集会结社自由""工人们联合起来"等口号。

当代表们快到设在郑州市中心钱塘里（现为钱塘路）中段的会址普乐园戏院会场时，被军警举枪拦住。项英在与军警理论后仍不被允许进入会场，便和林祥谦、施洋等一起，率领各地代表冒着生命危险冲破警戒线，砸开会场大门，撕去门上的封条，一齐涌入会场。这时，大批军警在会场外面层层包围，警察局长黄殿辰用大喇叭威胁叫嚣："不准开会，限令大家五分钟内自行解散，否则将以军法从事。"但是，代表们谁都不理会这种威胁，按时宣布京汉铁路总工会正式成立，并选举杨德甫为总工会委员长、项英为总干事、史文彬等为副委员长。就这样京汉铁路总工会终于胜利地诞生了！

但与会代表们在返回时却发现住处被封，所有携带的物品和各地送给大会的牌匾礼物都被毁坏一空，并被限制在客居的旅馆不许随便出门。

出席郑州会议的代表和来宾，对军警破坏大会的罪恶行径无比愤怒。当天晚上，项英、史文彬分头到五洲和福昌旅店，召开秘密紧急会议，决定京汉铁路大罢工，并将总工会筹备委员会改为罢工委员会，项英为罢工委员会总干事。同时，会议决定将罢工指挥机关移至武汉江岸，进行罢工前的准备工作。项英随后亲自起草了《京汉铁路总工会全体工人罢工宣言》。这次紧急会议后，武汉方面的代表于当晚 11 时乘车南下。在列车上，项英和张国焘、包惠僧、陈潭秋、施洋等一起研究罢工有关事宜，并将总工会成立受阻的情况及决定罢工的事项通知各站工会，以便协调行动。

2 月 3 日，京汉铁路总工会办事处在江岸正式办公，成为中国共产党领导京汉铁路工人罢工的指挥中心。项英作为罢工委员会总干事，紧张地进行各项工作，发动和组织工人进行罢工斗争。到 2 月 4 日中午 12 时，指挥中心一声令下，京汉路全线客车、货车一律停驶，工厂一律停工，顿时车轮不转了，机器不动了，列车被甩在铁路线上，震惊中外的京汉铁路工人大罢工开始了！在罢工开始举行的同时，项英等人起草的《京汉铁路总工会全体工人罢工宣言》《敬告旅客》《敬告本路司员》《京汉铁路总工会紧要通告》等文告，迅速在京汉铁路沿线各地张贴和流传。北京、上海、湖南、湖北、河南、安徽等地各界人士纷纷发表宣言、通电，声援京汉铁路罢工员工。

面对京汉铁路工人大罢工，军阀吴佩孚为此大发雷霆，下令军队开进各车站，并包围了在江岸的罢工指挥机关，开始公开镇压罢工活动。2月5日中午，湖北省督军萧耀南派其参谋长张木阶率兵抓去两名司机，强令其开走趴在铁路线的机车。在罢工指挥中心的领导下，2000余名工人冲破军警的阻拦，将两名工友抢回。同一天下午，反动军警又将工人纠察队的3名工友以破坏治安罪名抓走，关押在军政府衙门。

为此，项英和张濂光等4人作为工人代表同张木阶谈判，要求释放被拘留的3名工友。谈判一开始，张木阶恶狠狠地对项英说："京汉铁路乃吴大帅的经济命脉，你胆敢唆使京汉全线两万多名工人罢工！"然后不由分说地命令军警把项英等关押起来。张木阶知道项英是罢工的重要领导人，就以砍头来威胁项英，让其下令复工。但项英坚强不屈，毫不畏惧地说："头可断，上工命令不能下。"

项英等工人谈判代表被反动军警关押起来的消息传开后，数千名工人包围了汉口军政府，高呼口号，援救自己的代表。张木阶见势众难挡，被迫将项英等4名谈判代表释放。

随着罢工斗争的日益发展，吴佩孚十分恐慌，于2月6日电令萧耀南及京汉铁路局长赵继贤等，集中兵力和警力，在江岸、郑州、长辛店等地同时行动，准备镇压罢工运动。2月7日下午，张木阶亲自率领大批军警开到江岸并占领了工会机关和罢工指挥中心。项英和工人纠察队与敌人展开了生死搏斗，在军警的血腥镇压下，曾玉良等32人当场壮烈牺牲，受伤者有几百人。林祥谦、施洋等大批人员被捕后，也先后在刑场上英勇就义。二七大罢工虽然失败了，但它在中国工人运动历史上写下了光辉的一页。

1923年6月12日至20日，中国共产党第三次全国代表大会在广州举行。项英和来自全国各地的30多位代表，代表当时全党420名党员，出席了这次代表大会。这次会议的主要议题之一就是总结二七大罢工的经验教训。在这次会议上，陈独秀、李大钊、毛泽东、蔡和森、罗章龙、谭平山、王荷波、朱少连、项英9人当选为中央委员。此时，年仅25岁的项英能当选为中央执行委员会委员，标志着党组织对项英的信任和器重，实际上也是对他在京汉铁路工人运动中，特别是在二七大罢工中的英勇表现给予的充分肯定。

领导沪西二月大罢工，参加党的四大

1924年春，中共武汉党组织和工会组织再次遭到严重破坏，此时任中共武汉区委委员的项英和中共武汉区委书记的李立三，因为身份已经暴露，难以继续在武汉工作了。党中央调他们到上海工作，项英担任中央职工运动委员会书记，李立三任中共上海地委职工运动委员会书记，共同领导上海的工人运动。

项英和李立三到达上海后根据党中央的指示作了分工。李立三以沪东杨树浦地区为工作重点，项英以沪西小沙渡（今西康路）地区作为工作重点。小沙渡当时是上海工厂集中的地区之一，日本"内外棉"株式会社的 11 个分厂就设在这里。因而项英把工作重点选择在这里，平时化装成普通工人，深入车间同工人们促膝谈心，了解工人的生活状况，很快和工人们熟悉起来。

1924 年 5 月 10 日至 15 日，中国共产党在上海举行第一次中央扩大执行委员会会议，这次会议讨论的中心议题之一是工人运动。项英和陈独秀、蔡和森、毛泽东、邓中夏、张国焘、瞿秋白等人出席，并受大会的委托向会议汇报了武汉和上海工人运动的情况。根据这次会议的精神，项英在邓中夏举办的工人文化夜校的基础上，成立了沪西工友俱乐部并被推举为主任。这是中国共产党在上海纺织工人中建立起来的第一个工人团体。经过项英等人的努力，沪西工友俱乐部在工人中的影响日益扩大和深入，参加俱乐部活动的工人越来越多。到1924年年底，沪西地区有19家中外纱厂建立起俱乐部的组织，参加会员有2000多人。项英依靠这批会员与广大工人群众建立了广泛的联系，为后来组织领导工人进行罢工斗争准备了力量。

项英在举办工友俱乐部的过程中，很重视在工人中建立党的组织。当时，上海的共产党员不足百人，工人中的党员人数更少。他从斗争中体会到，没有党组织去团结工人、发动工人，斗争就难以开展。于是他对俱乐部的积极分子加以培养，作为入党介绍人，先后介绍了顾正红等一批工人骨干入党，这也是上海产业工人中的第一批共产党员，后来都成为上海工人运动的骨干力量。

1925年1月11日至22日，中国共产党第四次全国代表大会在上海举行。项英和到会的其他19位代表一起，代表当时全党994名党员出席了这次代表大会，选出了新的中央委员会，由陈独秀、李大钊、蔡和森、张国焘、项英、瞿秋白、彭述之、谭平山、李维汉9人为中央执行委员，邓培、王荷波、罗章龙、张太雷、朱锦堂5人为候补中央执行委员。

项英根据党的四大通过的《对于职工运动之议决案》的精神，紧密地联系沪西地区工人运动的实际，积极开展工人运动，推进工人运动的发展。同年2月2日，日商内外棉八厂日籍领班蓄意制造事端，殴打女工，受到工人们的责问和制止后，日本资本家恼羞成怒，无理开除了一批工人。项英得知这一消息后，立即与俱乐部委员会成员开会，决定抓住这个事件，发动沪西日商纱厂工人举行一次大罢工，来打击日本资本家，借以教育工人，提高工人的政治觉悟，推动群众性工会组织的发展。

项英迅速向党中央汇报了日商内外棉八厂发生的殴打和开除工人事件的情况、对当时形势的分析以及准备用罢工来反击的打算。党中央对这次罢工很重视，决定成立罢工委员会来领导，指定李立三、邓中夏、项英共同负责。由于这次罢工是由沪西工友俱乐部名义出面组织的，所以罢工前的大量宣传和组织方面的筹划，实际上落到项英的身上。

2月9日，日商内外棉五厂、七厂、八厂、十二厂的工人，在罢工委员会的领导下，于下午4时交接班时纷纷关闭机器，涌出厂门，向苏州河北岸的潭子湾会场汇集。会场的半空中悬立着白布大旗，写有"反对东洋人打人"7个黑色大字特别醒目，它生动地描绘出广大工人身受的痛苦，深深地打动了工人们的心，成为动员和组织工人罢工的有力口号。在这次集会上，项英发表讲话，宣布棉纱厂工会正式成立，罢工开始。到2月18日，参加这次罢工的有22家日本纱厂、3.5万多名工人。这次罢工使日商棉厂每天损失达25万元，给日商资本家以沉重打击。开始，日商资本家想诱骗工人停止罢工，然而阴谋没有得逞。于是勾结淞沪警察厅搜查沪西工友俱乐部，封闭纱厂工会，并将罢工领导人之一的邓中夏逮捕，妄图用武力胁迫工人停止罢工。

面对敌人破坏的严峻形势，项英和罢工委员会其他领导人研究后确定，一是在内外棉各厂建立工人纠察队，负责工厂守卫、传递消息、散发传单、维持秩序等，防止坏人对罢工进行破坏活动。二是派出一部分会员到上海各学校和社会团体，宣传工人为什么要罢工，争取社会各方面人士的同情和支持，并募集救济金支持罢工工人取得最后胜利。随后，在社会各界对罢工斗争的大力支持下，上海日商纱厂工人罢工情绪持续高涨，使日本资本家心惊胆寒，损失巨大，担心罢工会发展成为全上海的反日运动，被迫于3月1日答应工人提出的复工条件，淞沪警察厅也被迫释放罢工委员会的领导人邓中夏。沪西日商纱厂工人二月罢工斗争的胜利实践，使工人们更加信赖工会，拥护工会，纷纷要求加入工会。几天之内，小沙渡的工会会员由1000余人增加到6000多人。

中国共产党根据工会迅速发展的形势，及时加强了纱厂方面工会组织的活动。在罢工胜利后的第三天，李立三、项英等在沪西工友俱乐部召集工会干部开会，商讨如何巩固和健全工会组织的问题。会上，一致推选项英负责筹建上海纱厂总工会，并担负实际领导工作。会后，在项英等积极工作下，到 4 月初上海各纱厂先后都成立了工厂委员会或工会支部，有些支部下面还建立了小组，通过层层发动和领导，将广大工人紧密地团结在工会的周围，为之后的五卅运动反帝斗争浪潮作了思想上和组织上的准备。

项英等人领导上海日商纱厂工人二月罢工的胜利，是中国共产党领导的一次大规模的反帝爱国运动，在我国工人运动史上写下光辉的一页。

转战武汉、上海，参加党的五大

1925 年 4 月底，由于吴佩孚在南北军阀的混战中失败，湖北的局势发生了变化。项英根据党中央的指示，又离开上海返回武汉，参与领导恢复武汉的工人运动和党的工作。项英返回武汉后，便马不停蹄地奔赴广州，参加了 5 月 1—9 日召开的第二次全国劳动大会。在这次大会上，选举产生了中华全国总工会，以替代原全国劳动组合书记部，项英当选为中华全国总工会执行委员。

项英在会议结束后立即返回武汉，运用他在武汉人地两熟的有利条件，很快把一些基层工会恢复和建立起来。先后领导了香烟厂、火柴厂等处工人罢工均获得胜利，使工人们再次认识到组织起来、团结战斗的重要性，标志着武汉地区的工人运动在经历了二七惨案的挫折以后进入复兴期。

5月中旬，上海发生了日商开枪打死工人代表、共产党员顾正红，打伤10多名工人的严重事件。就在顾正红被杀事件尚未平息之时，5月30日，日商又悍然开枪屠杀示威的群众，打死10余人，打伤数十人，制造了震惊全国的五卅惨案。为此，上海各界群众十分愤怒，迅速开展以罢工、罢课、罢市为内容的"三罢"斗争，逐步发展到各地民众有组织地开展反帝国主义的五卅运动。在此情况下，为加强对上海工人运动的领导，党中央急调项英速去上海，参与领导上海总工会的罢工斗争。

项英接到通知后迅即离开武汉，乘轮船沿长江顺流而下，再次回到他离开只有两个月的上海。

项英到达上海后，为适应罢工斗争的需要，决定组织起800多人的工人纠察队，负责维持秩序，很有威慑作用。此时，上海的流氓头子顾雪桥冒充顾正红的族长，和日本人暗中勾结，想以1万元抚恤费为代价来平息顾正红被杀事件，破坏当时的反帝爱国运动。项英得知这个消息后，就派纠察队将顾雪桥带到工会狠狠地教训了一顿，让他写了悔过书，找了铺保，然后才释放了他。这件事，对当时那些形形色色从事破坏罢工的人是个很大的震慑。

这次罢工坚持到8月下旬，项英和上海市总工会其他领导人一起，看到通过坚持两个多月的罢工，工人们提出的给顾正红家属抚恤费、增加工人工资、改善待遇、缩短工时、不得无故开除工人等要求，基本上都得到了满足，为保存革命力量，巩固已得的胜利，决定组织各业工人复工。

1926年2月21—24日，中共中央在北京召开特别会议。李大钊、瞿秋白、项英、任弼时等12人出席。这次会议认真分析了当时的政局，确定了党从各方面准备和推动广东国民政府出师北伐，提出党在北伐战争中的政纲，引导国民革命的北伐达到最后的胜利。同年7月12—18日，中共中央在上海举行第四届中央执行委员会第二次全体（扩大）会议，陈独秀、李大钊、瞿秋白、张国焘、项英、彭述之、谭平山、李维汉、罗章龙、张太雷等14人出席。会议分析了当时正在进行的北伐战争的形势，通过了关于国共两党关系、关于职工运动、关于农民运动等一系列的决议案。

同年9月，中共中央在北伐军进入汉口的前夕，决定将中共湖北地委改为湖北区委。随后中央决定调项英再回湖北工作，和董必武等人一起参与领导湖北党组织和工会的工作。此时，从广东兴师的北伐军，在株洲、长沙、汀泗桥、贺胜桥等地歼灭军阀吴佩孚的主力以后，先后占领汉阳、汉口。项英立即抓住革命形势迅速发展的有利时机，积极进行基层党组织和基层工会组织的恢复、建立工作。

10月10日，北伐军攻克武昌，全歼守敌。随着北伐战争的胜利进行，湖北和武汉地区革命形势的好转，湖北全省的工人运动迅猛发展，湖北省总工会在北伐军攻克武昌的当天就正式建立起来，由向忠发任委员长，项英任副委员长兼总工会党团书记，李立三、刘少奇任副委员长，许白昊任秘书长。项英在负责总工会的工作中，不分昼夜地开展工作，迅速地把湖北全省的产业工人和手工业工人都组织在工会的范围内，全省达50万之众，仅在武汉地区的工会会员就有28万，形成了强大的革命政治力量，配合北伐军攻占武汉三镇。

这时，为配合北伐军维持武汉的社会秩序，湖北省总工会决定在武汉组织工人武装纠察总队，由项英任总队长。这支革命武装多时达4000余人，配备着1000多支枪。项英指挥这支武装，在武汉的重要地区巡逻，保卫重要目标，对稳定当时武汉局势起了重要作用。

工人运动的迅猛发展，使以蒋介石为代表的国民党右派感到恐惧。1927年4月12日，蒋介石在上海发动反革命政变，大肆屠杀共产党人和革命志士，收缴工人纠察队的枪支，上海市总工会委员长汪寿华等许多著名共产党人惨遭杀害。

面对蒋介石集团背叛革命，大肆屠杀共产党人的罪行，4月27日至5月9日，中国共产党在武汉举行了第五次全国代表大会。陈独秀、蔡和森、瞿秋白、毛泽东、任弼时、刘少奇、项英、邓中夏等 80 多位代表，代表 5.79 万多名党员出席了这次大会。共产国际和职工国际代表团也参加了大会。这次会议选出新的中央委员会，由 31 名中央委员、14 名候补中央委员组成，项英继续当选为中央委员会委员。

同年 5 月 17 日，武汉革命政府所辖的国民党军独立第 14 师，在师长夏斗寅的指挥下发动叛乱，从宜昌一带东进攻打武汉，妄图推翻武汉革命政府。负责武汉卫戍事宜的叶挺，指挥第 72 团、第 75 团等部队和中央军事政治学校的学员等迎击敌人，项英带领武汉武装工人纠察队也参加了战斗。在他们的共同努力下，粉碎了夏斗寅的叛乱，挽救了武汉的危局。

此时，项英由于劳累过度，颈椎突患重病，头目眩晕，无法站立。由于武汉正处于白色恐怖之中，他不敢去医院看病，就只好在家中隐蔽，连续两个多月卧床不起，党的八七会议他也因病未能参加。他虽然身在家中，但对当时的政治风云极为关注，特别是对蒋介石、汪精卫集团背叛革命，许多革命志士被捕被杀痛心万分。他在自传中写道："躺在病床上，面对第一次国内革命战争失败的教训，一再深思，度过了一生中心情十分痛苦的一段时间。"

出任中共江苏省委书记，
参加党的六大

1927年11月，项英在经过一场大病之后，身体逐渐恢复健康。此时，国民党在武汉的白色恐怖正在疯狂地进行，中央鉴于项英在武汉难以立足，决定再次调他到上海工作。于是，他又由武汉秘密转赴上海。为此，中共江苏省委在11月13日发出通知：项英（化名韩应）为江苏省委常务委员，参加中共江苏省委的领导工作。

1928年2月初，中共中央对江苏省委进行组织调整，由项英担任省委书记。此时江苏省委管辖的范围，包括有上海、南京两个市委，无锡、苏州等13个县委，泰县、扬州等10个县特别支部，并在南汇、盐城等14个县设有特派员，全省党员共有3128名，其中上海市为1799名。由于当时中共江苏省委就设在上海，所处的位置重要，中央决定项英参加中央常委会，参与党中央的领导活动，特别是参与研究召开党的六大的准备工作，这也充分表明了中央对项英的重视和信任。

召开党的第六次全国代表大会，是在八七会议上决定的。鉴于当时国民党统治下的白色恐怖十分严重，而党又需要有一个安定的环境来总结一下大革命失败后的经验教训，研究部署今后的工作，中共中央向共产国际执委会建议，党的六大在苏联境内召开，共产国际执委会同意中央的请求。

同年4月2日，任弼时、项英、瞿秋白、李维汉、蔡和森等人，一起参加中共中央常委会会议，指定了重要省份的出席人。会后，中央发出了召开党的六大的秘密通告，规定了代表名额，并具体安排了各省代表启程的时间。5月初，项英按照党中央的规定和要求，由上海乘日本轮船去当时被日军占领的大连，转乘火车去哈尔滨。在项英离开上海去参加党的六大期间，中央决定由李富春代理江苏省委书记。项英在哈尔滨稍事休息后，按照当地党组织交通站关于党的六大代表过境的安排，拿到出境去苏联乘坐的马车号码，就继续乘火车去了满洲里。

项英在满洲里下火车后，白天先去边境上寻找共产国际交通站在那里安排的马车。当晚，那辆俄国的马车夫在核对了项英手持的号码牌与其车灯号码相一致时，便把马车赶过中苏边境到达后贝加尔斯克后，又在苏联方面的安排下乘火车去苏联首都莫斯科。

项英第一次走出国门，心情自然是很激动的。当他踏上由联共（布）领导的世界上第一个社会主义的国家后，长期在白色恐怖下从事党和工会工作的那种不安全感消失了。他早年就有到十月革命的摇篮、列宁的故乡去看一看的愿望，想不到会在这样的情况下实现了。

6月12日，斯大林在莫斯科市内的一个大楼里，接见了出席党的六大的部分代表和第五届中央

委员。其中有瞿秋白、周恩来、项英、蔡和森、苏兆征、李立三、邓中夏、张国焘、向忠发9人参加了这次会见。

6月18日下午，党的六大正式开幕。出席大会的正式代表84人，五届中央委员、特约代表和其他指定参加会议的代表58人，共142人，代表党员4万多人。会议由向忠发主持，由瞿秋白致开幕词，项英被选为大会主席团的成员。当日晚，党的六大主席团举行第一次会议，确定将主席团成员划分为5个组，项英和布哈林、斯大林、苏兆征等被分在第一组。6月19日，共产国际代表布哈林作《中国革命与中国共产党的任务》的政治报告，项英和苏兆征一起主持了上午的会议。6月23日和26日，项英在小组会议上作了两次重要发言，就中国革命的性质、任务、要不要进行合法斗争、革命的高潮与低潮等问题，表明了自己的看法。

在会议期间，主席团决定组成湖南委员会、湖北委员会、南昌暴动委员会、广州暴动委员会等，各有重点，相互交流。为统一思想认识，总结经验教训，项英作为主席团的成员又分别参加了这4个委员会的活动。由于会议议程安排得很紧，各委员会多在晚上活动，所以项英格外忙碌，每天都忙到深夜。

7月11日，在中国共产党历史上有重要意义的第六次全国代表大会举行闭幕式，这次大会共举行了24天。19日，第六届中央委员会第一次会议在莫斯科举行。会议选出向忠发、周恩来、苏兆征、项英、蔡和森为政治局常务委员会委员；李立三、杨殷、徐锡根为政治局常务委员会候补委员。

7月20日，中央政治局举行第二次会议，研究和确定了中央领导机构的设置及人事分工，向忠发为中央政治局主席兼中央常务委员会主席，并决定向忠发、李立三、蔡和森等人第一批回国，项英、周恩来、杨殷、苏兆征等人第二批回国。会议还确定在莫斯科的政治局委员瞿秋白、张国焘、苏兆征、项英、周恩来为出席共产国际第六次大会代表团的主席团成员，留在莫斯科处理党的六大未了事宜。此后，项英化名张成，和中国共产党代表团的其他成员一起参加了共产国际第六次代表大会，并被选为共产国际监察委员会委员。

项英在莫斯科期间，按照党中央的布置，和其他参加党的六大的代表一起，利用会议间隙，以对革命、对历史高度负责的精神，为他们熟悉的烈士撰写传记。项英先后为原上海市总工会委员长郑覆他和上海市总工会中共党团书记的许白昊两位烈士写了传略，成为后人进行革命史研究和传统教育的宝贵史料。同年10月初，项英结束了参加党的六大的历史使命，从莫斯科动身返国。11月初，辗转回到了白色恐怖下的上海。

任总工会委员长和军委长江局书记

项英回到上海后，按照中共中央政治局常委的分工，开始全面分管全国职工运动和妇女委员会的工作，同时参加中央的集体领导活动。为此，中央决定将项英调离江苏省委，由徐锡根接任江苏省委书记。

1928 年 11 月 9 日，项英在参加中央政治局常委会会议时，提议就贯彻党的六大通过的《职工运动决议案》发两个文件：一个是着重讲清在职工运动中如何运用正确的斗争策略；一个是讲清职工运动委员会的性质、任务和与党团组织的关系，得到了与会同志的赞同，并确定由项英组织办理。同年 11 月 28 日，中共中央发出由项英主持起草的关于职工运动问题的第十九号通告，它对职工运动的意义、职工运动委员会的性质、基本任务以及与各级党、团组织的关系等，都作了具体规定。与此同时，项英为了加强工人运动理论的指导，交流实践经验，经党中央批准，恢复《中国工人》刊物的出版。江俊（项英）、沧海（罗章龙）、石溪（林育南）一起组成编委会，负责编辑、出版发行等工作。

1929 年 2 月 17—20 日，项英在上海秘密主持召开了中华全国总工会四届二次扩大会议。这次大会选举产生了新的中华全国总工会执行委员会。项英化名为江俊当选为中华全国总工会委员长。

1930 年，中国政治形势发生了新的变化，中国共产党人已从大革命的失败中恢复过来。全国有党员 12 万多人，青年群众组织、赤色工会会员、农民群众组织成员都有一定程度的恢复和发展。工农红军经过三年的游击战争，主力和地方武装已经发展到约 10 万人，建立了包括赣西南、闽西、湘鄂西、鄂豫皖、湘鄂赣、赣东北、湘赣、左右江、苏北等革命根据地。

同年 6 月 11 日，项英出席党中央政治局会议。这次会议在李立三的主持下，通过了《新的革命高潮与一省或几省首先胜利》的决议，指出："在全国革命高潮之下，革命可以在一省或几省重要省区首先胜利（在目前的形势看来，以武汉为中心的附近省区，客观条件更加成熟），在新的革命高潮日益接近的形势之下，准备一省或几省首先胜利，建立全国革命政权，成为党目前战略的总方针……"根据这一会议精神，党中央发出一系列文件，要求各地举行政治罢工，准备武装暴动。

此时，中共中央和中央军委决定在武汉设立长江办事处，由项英任书记。根据《新的革命高潮与一省或几省首先胜利》的决议，项英主持制定并发出了《中央军委长江办事处工作计划》，提出以武汉为中心的全国中心城市武装起义和集中红军进攻中心城市的作战计划，并具体规定了各地红军的任务。

8月1日，中央政治局举行会议，决定把党、团、工会的领导机构合并成立中央行动委员会（简称"总行委"），实行"一元化"领导，并为全国暴动的最高领导机关。在这次政治局会议上，决定重新组成长江局，由项英任书记，管辖湖北、湖南、江西、河南、四川5省党的工作；成立长江局军事委员会，由刘伯承任书记，过去由中央军委长江办事处指挥的湘、鄂、赣、川等地红军及士兵运动，均归长江局军委指挥。随后，中央政治局决定举行武汉、南京暴动与上海总同盟罢工，由项英任长江总行委书记，刘伯承协助项英策动武汉暴动，曾中生为南京暴动总指挥，聂荣臻到镇江组织暴动，上述暴动成功后再进攻南京，而后与攻打南昌、长沙的红军会师武汉，并提出上述暴动的总口号：会师武汉，饮马长江。项英在参与制订这个计划时，对各地红军情况的了解是很少的，因此也存在盲动的错误倾向。

8月6日，"总行委"正式成立，项英作为主要领导成员之一，肩负着"力争武汉武装暴动首先胜利"的重任到达武汉，主持召开长江局第一次会议。会议根据中央的决定成立了长江总行动委员会，负责指挥以武汉为中心的各有关省区的武装暴动。这次会议决定，湖北省委合并于长江总行委，湖北省和武汉三镇的工作归长江总行委直接领导。但在随后几天的调查中，项英看到了在武汉进行武装暴动的很多问题。因此，他在8月8日夜，即到达武汉后的第三天，便和关向应联名向党中央写了第一份长达6000多字的工作报告。他在这个报告中如实地向党中央反映了武汉进行武装暴动所存在的严重困难。8月10日，项英在第二次写给党中央的报告中，进一步说明了武汉的敌情及举行暴动的困难："白色恐怖愈加厉害，从赤色区域调到武汉的干部很难存身，使长江局缺乏干部的困难更加突出，影响到许多工作无法落实。"

由于当时党中央未及时接到项英的报告，也在8月10日指示长江局："极猛烈的扩大组织，大批的吸收工人积极分子入党，至少每个党员每日须介绍一个同志，同时每人须组织一个赤色先锋队，加紧工人群众的组织，特别加紧京汉、粤汉两条铁路罢工，以加速武装暴动的成熟条件。"项英接到中央的这个指示后犹豫了几天，见中央没有对他此前的报告做出回复，便以湖北省总行委名义，于8月13日发出第一号通告，要求湖北党、团、工会组织的一切工作，都要"坚决执行党的任务，争取武汉武装暴动的胜利"。

8月20日，红一军团主力奔袭湖南省浏阳县东南文家市地区的国民党军，歼灭其第4路军3纵队3个团又1个营，胜利的消息传到武汉，项英受到很大鼓舞，但他也看到了武汉暴动存在的一些困难，便在当天又把个人的考虑和想法向党中央写了报告。其中提到：最严重的困难是武汉党的工作非常微弱，工人武装的武器成问题，经费困难，严重缺乏军事人才，并催刘伯承速来武汉。

就在这时，中央政治局常委周恩来从莫斯科于8月19日回到上海，传达了共产国际不同意中共中央关于组织全国武装暴动计划的指示，在

8月22日和24日政治局会议上作了讨论。8月26日，中央政治局委员瞿秋白也从莫斯科回到了上海。在周恩来、瞿秋白的共同努力争取下，李立三遂即决定停止执行南京、武汉的暴动计划。9月2日，刘伯承带着贯彻共产国际指示停止执行武汉暴动计划的精神抵达武汉。当晚，项英主持长江局相关负责人召开会议，听取刘伯承传达中央新的指示。9月5日，中央正式回电项英和长江局："在今天武汉还不能暴动……红军向中心城市发展这一路线是不会实现的。"项英和长江局接到党中央的这个指示后，立即停止了原定武汉暴动的工作部署。

9月24—28日，项英出席了中共中央举行的扩大六届三中全会，通过了《关于政治状况和党的总任务议决案》，批评了以李立三为首的"左"倾盲动错误，停止了组织全国总起义和集中全国红军进攻中心城市的计划，恢复了党、团、工会的独立组织和经常工作。这次会议，根据党的六大以后党的中央委员、政治局委员牺牲、病故等变化情况，选出新的中央政治局。其中，正式委员7人：向忠发、项英、周恩来、瞿秋白、李立三、关向应、张国焘；候补委员7人：罗奕（罗登贤）、徐锡根、卢福坦、温裕成、罗迈、顾顺章、毛泽东。

党的六届三中全会后，中央决定项英离开长江局，前往中央苏区出任苏区中央局代理书记和中革军委主席，全面领导中央苏区的工作。至此，项英从1921年12月到1930年11月底，作为我们党著名的工人运动领袖和早期的主要领导人之一，在帝国主义和国民党反动派血腥镇压的情况下，为工人运动和党的工作作出了重要贡献。

领导中央苏区

筹备中华苏维埃 第一次全国代表大会

中央苏区（又称中央革命根据地）是由毛泽东率领的秋收起义的工农革命军，和由朱德、陈毅率领的南昌起义军余部及湘南农军，于1928年4月在井冈山会师后，以武装割据的形式，经过艰苦奋战，逐步发展起来的第一块大的革命根据地。它是中国共产党在武装夺取政权、走以农村包围城市道路的伟大革命实践中的产物，是工农红军进行革命战争的重要战略基地，在中国革命历史上有着重要的地位。

1930年11月下旬，项英由中央机关的交通护送，从上海动身辗转经闽西、赣南等地，于12月底到达赣南宁都地区红一方面军总部与朱德、毛泽东会面。此时，正是第一次反"围剿"取得胜利的时候，项英向朱德、毛泽东祝贺反"围剿"作战的胜利，转达了上海党中央领导对他们的问候。在这之前，项英与毛泽东早有接触，多次一起参加过党代表大会和中央全会等。项英与朱德虽未见过面，但对朱德领导南昌起义、留学德国和苏联也早有所闻。因此，他对毛泽东、朱德都很敬佩，并且为能和他们一起从事革命活动而感到高兴。项英向他们传达了党的六届三中全会的精神，并根据中央苏区红军和苏维埃区域发展的形势，确定建立苏区中央局以加强党的领导，成立中央革命军事委员会以统一军事指挥，并商量了如何组建中共苏区中央局和中央革命军事委员会（简称"中革军委"）的问题。对此项英在自传中是这样记述的：

"三中全会后中央派我到江西苏区，去开苏维埃代表大会，正式成立苏维埃中央，首先成立革命军事委员会，以我为主席，并代理党的中央局书记。于是，于1930年11月入苏区，到12月底经福建苏区到江西，与朱、毛会合。这时，正是红军取得冲破第一次'围剿'，获得大胜利，将18师师长张辉瓒活捉。从此，我放弃了多年来的工会工作和白区秘密斗争，开始学习军事和苏维埃政府工作"。

1931年1月15日，中共苏区中央局在宁都小布地区正式建立。当天，项英签发了《中共苏区中央局通告第一号——苏维埃区域中央局的成立及其任务》，宣布苏区中央局由周恩来、项英、毛泽东、朱德、任弼时、曾山等9人组成。在苏区中央局成立的同时，还成立了中央革命军事委员会，项英任主席，朱德任副主席兼红一方面军总司令，毛泽东任副主席兼军委总政治部主任和红一方面军总政治委员。

至此，党的六届三中全会赋予项英组建苏区中央局和中央革命军事委员会的任务已基本完成，但是领导机构和工作人员还很不健全。当年7月8日项英在给苏区中央局的报告中写道："中央局所指定的名单，除已在苏区的泽东、朱德二同志外，只有项英一人……这个时候，河西（指赣江以西）交通未通，在总前委会上决定赣西南曾山参加，又不在一起，连会都不能参加；朱德同志负责总司令部工作，只能参加会议；泽东同志后因总政治部建立，同时不能担任中央局的工作。事实上中央局做工作的只有项英一人，组织、宣传在名义上都成立了，可是无人负责，也等于空名，因此，中央局虽成立了，但在组织上极不健全。"这些情况表明，项英在进入中央苏区之初，工作繁忙和艰难的程度是可想而知的。

项英进入中央苏区后，肩负着领导中央苏区的许多重任，筹备召开中华苏维埃第一次全国代表大会（简称"一苏大"）就是其重要的任务之一。1931年6月1日，苏区中央局按照中共中央的指示，预定在当年8月1日召开"一苏大"。项英根据中央指示留在龙冈，负责筹备"一苏大"的工作，另组成以毛泽东为书记的中共红一方面军临时总前敌委员会，在前线负责指挥红军作战。

但随后不久，由于国民党军队发动了第三次"围剿"和各地代表不能及时到会等原因，中央决定将"一苏大"改在俄国十月革命节（11月7日）举行，并要求各地代表应在10月15日前选举完毕，听候通知出席。

在此期间，项英负责"一苏大"会议的筹备工作，主持起草会议的有关文件、法令，研究临时中央政府机构设置和会议安排及接待等有关事宜，以极大的政治热情和积极性，为中华苏维埃共和国的诞生和临时中央政府的建立，率领会务筹备人员做了许多的工作。

当时，中央确定把会址选在瑞金城，但项英在具体的筹备工作中却发现，这个小镇找不到能容纳千人的会场，故提议另选在瑞金以北约5公里的叶坪村的祠堂。这是叶氏家族祭祖的地方，场地宽敞，可以容纳千人以上，且隐藏在一片树林之中，不仅可以做"一苏大"会址，以后还可以作为中央政府的所在地。为此，项英多次出面与叶氏群众商量，最后决定为叶氏家族另建一所祠堂，把老的叶家祠堂加以修缮后，作为"一苏大"的会址和苏维埃中央党政军机关的所在地。

当时统计出席"一苏大"会议的代表来自全

国 10 多个省份、各苏维埃区域、白色恐怖地区及国外华侨等代表共 600 多人，这些代表们冒着生死，通过多道封锁线来到瑞金。项英为了弄清代表的情况，便于相互介绍和认识，同时防止敌人的奸细混入，不管工作多么繁忙，对每个代表的到来都亲自出面接待，进行认真的审查登记。项英看到当时气候已经渐凉，与会的代表被安排住在叶坪附近临时搭建的草棚里食宿，便提议给每位代表制作一套棉衣、一顶缀着红星的帽子、两双短袜和一双布鞋。在会议的安排上，项英考虑到会议讨论的内容很多，需要对代表们加以区分排列，安排好重要代表在大会上发言等。同时，为了向代表们展示红军的英姿和苏区的精神面貌，项英对组织红军首次大阅兵、苏区文艺团体为庆祝"一苏大"排练的节目等，也都作出具体的筹划和安排。

在"一苏大"开幕前，即 11 月 1—5 日，项英出席了在中共中央代表团的主持下，中央苏区的党组织在瑞金召开第一次代表大会（即赣南会议）。在会议期间，项英将"一苏大"会议的准备情况向苏区中央局和各地代表作了汇报。大家对会议的准备都表示满意，认为在当时的情况下，准备得这样好，是不容易的。项英在这次会议中还建议，对粉碎国民党军的"围剿"、发展苏维埃事业作出重要贡献的红军部队及其领袖，应授予特制的旗帜和徽章，以表示对他们的敬意和奖励。他的提议，得到中央局成员和到会同志的热烈赞同。

11月7日，项英精心筹备并盼望已久的"一苏大"正式开幕。这一天，是苏联社会主义革命胜利纪念日。把"一苏大"放在这一天召开，一方面是对苏联取得无产阶级革命的胜利表示庆祝和纪念；另一方面是表示中国要以苏联为榜样，走社会主义的道路。

这一天，"一苏大"的会场被装饰一新，布置得隆重、庄严、醒目，墙上悬挂着绣有铁锤镰刀的红旗和"中华工农兵苏维埃第一次全国代表大会"的会标，在两边的柱子上挂着"勇敢、勇敢、再勇敢"和"学习、学习、再学习"的条幅。

大会由中共中央代表团成员、苏区中央局委员、红军总政治部主任王稼祥宣布开幕。大会选出了37名主席团成员，项英、周以栗、曾山、朱德、张鼎丞、陈正人、邓发当选为主席团常务主席。在大会上，项英代表主席团致开幕词，对来自各苏区和各地的代表表示热烈欢迎，热情赞颂了革命的大好形势，指明了苏维埃政权的性质和任务，祝贺有历史意义的"一苏大"胜利召开。

大会期间，代表们听取了毛泽东代表苏区中央局作的《政治问题报告》、项英作的《劳动法报告》、张鼎丞作的《土地法报告》、朱德作的《红军问题报告》、周以栗作的《经济政策报告》、王稼祥作的《少数民族问题报告》等。代表们经过热烈讨论，通过了《中华苏维埃共和国宪法大纲》《中华苏维埃共和国土地法》《中华苏维埃共和国劳动法》《关于经济政策的决定》《关于红军问题的决议案》《关于中国境内少数民族问题的决议案》等文件。这是中国工农代表最早通过的管理国家的一批法规性的文件，其中多数是由项英在"一苏大"会议筹备期间主持起草的。

11月18日，项英以大会主席团名义，致电上海党中央，报告了会议的初步情况："大会已于十月革命节开幕，黎明举行阅兵典礼，晚间举行提灯庆祝。到会群众，人山人海。红光满天，庄严热烈空前未有。大会于万众欢呼之中正式开幕，到会代表610人。中央区，闽西，湘鄂赣，湘赣，湘鄂西，豫东北，琼崖各苏区均有代表出席。红军方面军一、三军团和第26军、第16军及各独立师，均选派代表出席。全总、海员等均有代表到会。大会圆满的召集，完全是中国共产党领导中国革命的胜利。大会且已热烈讨论你们所提出的劳动法、土地法，红军问题，经济政策，宪法大纲，并一致通过。现正选举中华苏维埃共和国临时中央政府委员。知你们关心大会，特此电闻。"

11月20日，"一苏大"举行闭幕式，项英作为主席团常务主席在大会闭幕式上，还为有关单位和受奖人员举行了授旗、授章典礼，分别为工农红军第1、第2、第3、第4、第6、第10、第12、第16军和第三军团，各授予特制军旗一面；对毛泽东、朱德、彭德怀等8名领袖，各授予特制的荣誉徽章1枚。

11月27日，中华苏维埃共和国临时中央政府执行委员会召开第一次全体会议，选举毛泽东为

中央执行委员会主席，项英和张国焘当选为副主席。在执行委员会之下设人民委员会，作为中华苏维埃共和国中央行政机关。随后，由主席毛泽东和副主席项英、张国焘联名发布了《中华苏维埃共和国中央执行委员会布告第一号》通告，向全国劳动人民正式宣布中华苏维埃共和国临时中央政府成立，瑞金作为中华苏维埃共和国的首府。

中华苏维埃共和国临时中央政府的成立，在中国现代革命史上写下了光辉的一页。它给全国劳动人民带来了翻身求解放的希望，组织和动员了千百万群众参加建设和保卫苏维埃政权的伟大革命斗争，是人民群众管理国家的早期尝试，为中华苏维埃革命事业的发展开创了一个新的历史时期。

"一苏大"以后，由于临时中央政府主席毛泽东当时大部分时间在前方领导红军作战，第二副主席张国焘在鄂豫皖苏区担任领导工作，因而项英作为第一副主席，从"一苏大"召开后便实际上领导临时中央政府在中央苏区的日常工作。

1932 年 11 月 7 日，是中华苏维埃共和国临时中央政府成立一周年，也是苏联十月社会主义革命胜利十五周年。6日下午，在瑞金中央政府会场，举行庆祝会。驻瑞金的党、政、军机关和群众团体等单位的200多位代表，出席了庆祝会，项英代表临时中央政府作《中华苏维埃共和国临时中央政府成立一周年纪念向全体选民工作报告书》的报告。他在报告中叙述了临时中央政府成立一年来，国内外形势发展的重大变化，特别是鄂豫皖、湘鄂西、陕甘、湘鄂赣、湘赣、赣东北等苏区和中央苏区的胜利发展，领导红军和苏区人民进行反"围剿"斗争、巩固和壮大红军、进行土地改革、颁布和贯彻各种法令、执行财经政策、加强苏维埃政权建设等方面的情况。

庆祝中华苏维埃共和国临时中央政府成立一周年的活动，在11月7日达到高潮。上午7时半，参加受阅的红军学校学员、新编师、红军留守部队和瑞金县赤卫队、少先队、地方武装共7000余人，在瑞金卫戍司令员叶剑英指挥下，进行阅兵典礼，接受了项英、毛泽东、朱德等中央苏区和红军领导人的检阅。

1933 年 1 月，中共临时中央从上海迁到中央苏区，博古、张闻天、陈云等临时中央领导成员相继到达瑞金。从这时起，中央苏区的各项工作，包括军事、政治和经济工作，都在临时中央的直接领导下进行。项英作为中央苏区的负责人，对博古、张闻天、陈云等摆脱上海白色恐怖的恶劣环境，安全地来到瑞金表示欢迎，并向他们详细介绍了中央苏区的具体情况。不久，临时中央和苏区中央局合并，成立了新的中共中央局，博古任中央局书记。

重视舆论作用，当好红色的宣传家

"一苏大"以后，在项英等人的提议下，中华苏维埃共和国临时中央政府机关报《红色中华》也于 1931 年 12 月 11 日正式创刊，中央苏区分局委员、宣传部长瞿秋白任《红色中华》编委会主任。项英在《红色中华》创刊时和编辑部的人员说："《红色中华》是我们党中央重要的舆论阵地，你们要以笔做刀枪，当好红色的宣传家。"项英是这样说的也是这样做的，他在后来的工作中，曾经为《红色中华》写了不少文章，也是他这一时期革命思想和实践的重要实录。

12月28日，在《红色中华》创刊不久后，项英便在《红色中华》上发表了他的第一篇署名文章《反对帝国主义瓜分中国和推翻国民党的统治》。文章指出：日本帝国主义强占我国东三省以后，继续向锦州进攻；法国出兵广西、云南边境；英国指使藏兵进袭四川、西康；而美国在国际联盟活动，企图将锦州、天津划为国际共管区等等，都是帝国主义瓜分中国的共同行动……国民党和其政府，是帝国主义统治中国的工具。要打倒帝国主义，必须推翻反动的国民党统治。要反对帝国主义，驱逐帝国主义滚出中国，完成全中国民族的完全独立，只有苏维埃的政府，才能实际领导群众，去完成这一任务。

1932年1月6日，项英在《红色中华》上发表了《1931年的总结与1932年的开始》的文章，对 1931 年国际、国内形势变化进行了高度的概括，对中国革命形势的发展给予高度赞颂，同时对 1932 年苏维埃运动的发展作了展望。同年 2 月 7 日，是二七惨案九周年纪念日。项英在 2 月 3 日出版的《红色中华二七增刊》上发表了《"二七"事略》的文章，详细介绍了他亲身经历的京汉铁路工人运动发展的情况和二七大罢工的过程，歌颂了共产党员林祥谦、施洋等人与反动军警英勇斗争的业绩，写下了无产阶级斗争的光辉历史，推动了 1925—1927 年的大革命运动。这篇文章，不仅成为当时最早介绍二七大罢工的资料，也成为后人研究二七大罢工历史的宝贵文献。

项英在中央苏区工作的实践中体会到，发展经济对红军作战的关系极大，没有给养，就难以作战，如让红军都由自己筹措给养，其本身的训练就会减少，对作战就会有妨碍。因此，项英在当年 2 月 17 日的《红色中华》发表了《发展生产，节俭经济，来帮助红军发展革命战争》的署名文章，要求苏区"各级政府和各群众团体，一切费用都要十二分的节俭……不要浪费一文钱、滥用一张纸、少点一点油，积少成多，就可以节省一大笔经费"。项英的这篇文章发表后，在中央苏区反响很大，根据地的人民群众由此广泛开展"节省一文钱、一张纸、一滴油"的活动，积极拥军支前。

当时，《红色中华》每周都要出版两三期，与苏区广大人民群众见面，项英除了撰写类似上面这些重要的文章指导苏区的工作外，还经常联系苏区人民关心的一些事情，随时随地发表一些小文章，也博得了广大读者的喜欢。当时，中央苏区各级苏维埃政府中，也有少数工作人员出现了铺张浪费、贪污腐化、以权谋私和官僚主义现象。项英对这些问题十分重视，用江钧的化名，在《红色中华》先后发表多篇文章，点名道姓地对不正之风进行严厉的批判。如在《好阔气的江西政治保卫分局》一文中，批评这个单位摆阔气、不注意节俭的作风；在《威权无上的区委秘书》一文中，批评会昌县洛口区苏维埃秘书欺负工农干部不识字，随便拿张报纸欺骗百姓，说是苏维埃政府的文件等，希望上级政府要很好检查；在《无奇不有的兴国国家商店和合作社》一文中，批评该县的国家商店和合作社，学投机商人那一套，搞垄断商业、操纵市场的不良行为；在《好个石城县主席的迁家大喜》一文中，批评石城县苏维埃主席由农村向县城搬家时，放了很多鞭炮，收了很多贺礼，明确指出：对于这样封建县长式的主席，就要请他出苏维埃啦；在《好摆威风的一位中央女同志》一文中，批评临时中央政府机关一位姓钱的女同志，以权谋私，给不法商人开路条，被地方政府查获扣留后，又开假证明去索取，终被揭露出来的事情，严厉批评了机关中的违法乱纪和不正之风……项英写的这些文章，少者百余字，多者不过几百字，但观点明确，战斗性强，一针见血，尖锐地批评了那些与苏维埃政权性质不相容的腐朽作风，深受广大读者的欢迎。

临时中央政府成立后，对苏维埃政权建设制定了很多的方针和办法，颁发了许多训令、通令，通过了许多决议、条例，以指导各级苏维埃政府组织开展对敌斗争，发展经济，增强革命力量。但是，在具体工作中不少地方落实得不够，有的只是翻印照转了事，有的没有认真讨论，有的虽然办了却没有向上级作报告。这种状况引起了项英的重视。1932年2月24日，项英在《红色中华》发表了《实行工作的检查》的文章，指出：对于上级指示不落实，不仅仅是下级政府工作不健全，更重要的是上级政府未能很好地履行职责，没有实行工作的督促和考察，特别是缺乏严格的检查。他要求各级苏维埃政府，应按照临时中央政府颁布的地方政府暂行组织条例的规定办事，严格实行工作检查，健全工作制度，使工作更有效地开展起来。

在项英的建议下，《红色中华》还开辟了"红板""黑板""突击队""法规问答"等一些小专栏。其中，"红板"专门刊登苏维埃政府工作人员廉洁奉公、奋发工作的事迹；"黑板"专门批评少数工作人员那些消极怠工的行为；"突击队"专门披露那些贪污案件情况及处理结果；"法规问答"专门普及法规知识等，这对于加强苏区政权建设，扶正压邪都起到了帮助作用。

关心群众疾苦，抓好政权建设

项英在抓苏维埃政权建设过程中，从发展革命战争的全局出发，边学习，边研究，边实践。他认真总结工作中的经验教训，提出关心人民群众疾苦，依法加强苏区政权建设的具体要求，较好地做了以下几个方面的工作：

一是健全苏维埃政权，使政权掌握在可靠的人手中。对县级以上的政权机构，根据形势的发展，不断在组织上予以健全，在实践中逐步明确工作责任，建立各项制度，并通过改选、留优汰劣，使苏维埃政权更好地为群众服务，同广大群众建立密切的联系，也使广大工农群众关心苏维埃，自觉地参加苏维埃的工作。

二是切实执行土地法、劳动法等有关法规，保护工农群众的切身利益。项英从实践中逐步增强了依法办事的思想，根据需要，主持制定了许多法令、条例、制度，以保证各项工作的正常进行。例如，为了保障妇女的权利，颁布了婚姻条例，废除封建婚姻制度，实行婚姻自由，禁止虐待童养媳、发动群众开展防疫活动等。对苏区当时的肃反问题，他强调对破坏苏维埃事业的反革命分子要坚决打击，但一定要按司法程序办事，查清证据，废除肉刑，并由国家政治保卫局和司法机关办理。

三是调整经济政策，发展苏区经济。项英在发展苏区经济的过程中，注意以农业为重点，号召群众多打粮食支援前线。他经常深入农村，了解情况，帮助推广好的生产经验。1933 年，他亲自将瑞金县沙洲坝老农吴正廷种植稻谷的经验加以推广，使沙洲坝地区当年谷物的产量有很大提高。当时，由于国民党反动派对苏区进行严密的经济封锁，使群众获得日常生活必不可少的食盐十分困难。项英在调查研究的基础上，发动苏区人民自己动手熬硝盐。许多村子办起硝盐厂，不仅缓解了群众食盐的困难，而且生产出制火药的硝，直接支援了革命战争。

四是做好拥军优属的工作。项英为了扩大红

军，督促各级政府认真贯彻优待红军条例，苏区邮局对红军战士家信实行免费，组织耕田队帮助红军家属耕田，对牺牲和负伤的红军指战员实行抚恤。积极组织赤卫军和少先队维持治安，保护后方安全，还为红军的扩大打下了坚实的基础。项英重视运用苏维埃政权的力量来做扩红工作，亲自主持制定了优待红军的法令，提高红军战士的地位，发动群众给红军家属代耕，消费合作社对红军家属实行5%的廉价，对红军家属患病等困难发动群众募捐救济，从多方面营造红军光荣的气氛，使大批工农群众到红军中去。有一天，项英到驻地附近的军属李祥征老汉家里访问，和李老汉拉家常问他家里有什么困难没有？李老汉不肯说话，只是摇头。项英改变话题，和李老汉谈起生产来，才得知李老汉家的麦子还没有种下去。项英随即走到耕田队长家里说："红军战士在前方流血流汗，打敌人，保家乡，耕田队在后方生产应该先把红军家属的地种上，再种自己的，你说这样对吗？！"耕田队长受到批评教育后，立即派人把李老汉的田种上了。

1933 年 1 月 19 日，是农历腊月二十四，这一天项英来到军属王又英家里，发现她床上的盖被破烂不堪，难以御寒，立即叫警卫员小张把自己的被子拿来送给老人。小张说："你也只有一条被啊，送给了老人你盖什么呢？"项英说："我身体好，有棉大衣就行了，你快去拿！"小张没有办法，只好去把项英的被子拿来。王大妈接过小张拿来的被子，感动得热泪盈眶，激动地对项英说："苏维埃政府什么事情都给我们想到了，我一定要写信给我儿子，叫他在前方多杀敌人，多立功，用实际行动来感谢苏维埃政府！"

五是依靠群众力量，加强苏维埃政权廉政建设。项英要求各级苏维埃政府，要密切联系群众，倾听群众的呼声，欢迎群众检举揭发政府工作人员中的官僚腐化现象。同时，加强了各级工农检察机关的工作，设立各级控告局，受理群众的举报。强调勤俭节约，杜绝浪费，健全制度，制定法律，严惩侵吞公款、营私舞弊等行为。

项英在关心群众疾苦、加强苏区政权建设的过程中，特别强调各级苏维埃政府和工作人员须严格遵循3条基本原则：一是以身作则，密切联系

群众，关心群众的疾苦，工作上勤奋努力，生活上艰苦朴素，和群众打成一片，不搞特殊；二是敢抓敢管，对脱离人民群众、铺张浪费的行为，及时批评揭露，重大案件，及时严肃处理，并公布于众；三是实施集体领导，对重大问题，要提交人民委员会常务会议讨论，分析情况，研究措施，然后以不同的形式公布实施。

项英领导中央苏区政权建设的理论和实践，是中国共产党早期在政权等建设方面伟大尝试的组成部分，其基本经验还是有历史借鉴意义的。

在中革军委的领导岗位上

项英在中央苏区工作期间，曾先后3次担任过中革军委的领导职务，参与领导了中央苏区的许多工作。如指挥中央苏区第二次至第五次反"围剿"作战、主持召开我军在中央苏区时期多次重要的会议、研究制定我军历史上许多重要的文献、确定八一建军节、组建红军总政治部、颁发红星奖章和有关条令条例、组织瑞金首次阅兵等许多重大历史活动，在我军的建军史上都功不可没。

1931年1月中旬，项英到达中央苏区后，根据中共中央的指示，开始代理苏区中央局书记和中央革命军事委员会（简称中革军委）主席，时值国民党军队正准备对中央苏区发动第二次大规模的"围剿"，面对这种严峻的形势，项英在出任苏区中央局代理书记和中革军委主席期间，与毛泽东和朱德等领导人，共同分析敌情，研究对策，确定采取毛泽东提出的诱敌深入的方针，领导红一方面军和苏区人民进行第二次反"围剿"作战。

3月中旬，项英主持苏区中央局发布了《动员扩大群众争取二次战争胜利的紧急通知》，并按照战略部署把中央苏区划分为10个游击区，运用游击战术，执行扰敌、堵敌、袭敌、诱敌等10项任务，配合红军主力作战。同年4月上旬起，国民党20万大军，运用"稳扎稳打，步步为营"的战略，先后从江西省吉安到福建省建宁东、西八百里的战线上，开始分四路向中央苏区发动第二次"围剿"。项英作为中革军委主席，与毛泽东、朱德等红一方面军领导，运用"敌进我退，敌驻我扰，敌疲我打，敌退我追"的游击战术，诱敌深入，进行反"围剿"作战。5月中旬，红一方面军大举反击，在富田、白沙、中村、广昌、建宁等地大量歼敌，一举取得了第二次反"围剿"的胜利，使苏区范围进一步扩大。

在此期间，项英和副主席朱德、毛泽东一起，除参与领导红军的反"围剿"作战外，还研究确定了在人民军队发展壮大的历史上具有非常重要意义的两件大事。

一件事是提议建立军委总政治部。1931年1月，项英出任中革军委主席后，为进一步加强对红军政治工作的领导，开始研究制定在红军中建立总政治部的事宜。2月17日，他以军委主席的名义和副主席朱德、毛泽东联合署名发布了军委第六号通令，决定在中央革命军事委员会内设总政治部兼红一方面军总政治部，以毛泽东为总政治部主任。通令就《总政治部的任务及红军中政治部与政治委员的关系》，作出了具体的规定，明确了红军政治工作的地位及其任务、总政治部与下级政治委员及政治部的关系、上级政治委员与下级政治委员的关系、上级政治部与下级政治部的关系、同级政治委员与政治部的关系等。这在工农红军的历史上是第一次，它对人民军队的政治工作建设起到了奠基的作用，产生了深远的影响，激励指战员克服无数的艰难险阻，战胜国内外敌人，不断取得新的胜利。

另一件事是提议设立红军战史编辑委员会。1931 年 4 月 17 日，项英以中革军委主席的名义和副主席朱德、毛泽东联名发布第九号通令，决定在军委总参谋部设红军战史编辑委员会，并指定叶剑英、朱云卿、郭化玉（若）、左权等 13 人为委员，以叶剑英为总编辑，着手搜集、整理、总结各地红军作战的经验，准备编写中国工农红军战史。当时红军反"围剿"作战频繁，斗争十分激烈，项英远见卓识，如此重视总结红军作战的经验教训，并开始收集保存重要的文献史料，提出准备编写战史，这对后来我军总结历史经验，不断发展壮大有着非常重要的历史意义。

同年 4 月底，中央代表团的成员到达中央苏区后不久，开始调整苏区中央局和中革军委领导成员，毛泽东任苏区中央局代理书记，朱德任中革军委主席，项英改任苏区中央局委员和中革军委副主席。

1933 年 5 月 8 日，中华苏维埃临时中央政府人民委员会第四十一次常委会会议决定：将中革军委从前方移至瑞金，在前方另组成中国工农红军总司令部兼第一方面军司令部，任命朱德为中国工农红军总司令兼第一方面军司令员，周恩来为中国工农红军总政治委员兼第一方面军政治委员。同时决定：增补博古为中革军委委员，并明确中革军委主席朱德在前方期间，由中革军委副主席项英代理中革军委主席。

同年 6 月 30 日，项英以中革军委代主席的名义发布命令，决定将"八一"作为中国工农红军成立纪念日。命令指出："……本委会为纪念南昌暴动与红军成立，特决定自 1933 年起，每年

8月1日为中国工农红军成立纪念日。"随后，在7月9日，项英又以中革军委代主席名义，发布了《关于制发团旗的命令》和《关于颁发红星奖章的命令》。按照这个命令，中革军委为每个步兵团制发团旗一面；对指挥革命战争有特殊功绩的人按其功绩的等次发给红星奖章。其中，为毛泽东、周恩来、朱德、彭德怀等8人授予一等红星奖章；为陈毅、张云逸等34人授予二等红星奖章；为罗炳辉、王震、程子华等53人授予三等红星奖章。

同年的8月1日，为纪念中国工农红军成立六周年，中革军委决定在瑞金举行盛大阅兵典礼。这是红军第一次庆祝建军节。考虑到当时正处于盛夏酷暑，同时也为了避免国民党军飞机的突袭，决定阅兵典礼在黎明前举行。这一天凌晨3点多钟，数千支火把把阅兵广场的四周照得通亮。项英作为中革军委代主席和临时中央负责人博古、临时中央政府主席毛泽东、红军总司令朱德等党政军领导干部和各界代表陆续走上主席台，参观的群众也来到广场的四周，参加受阅的中央警卫师（又称工人师）和红军学校的学员等3000余人，已全副武装，排列整齐，等待检阅。凌晨 4 点整，阅兵典礼正式开始，在激昂的军乐声中，项英代表中革军委，将绣有"八一"字样的军旗授予中央警卫师和红军学校。随后，项英和中革军委等有关领导，骑着战马检阅了长达 600 多米的红军队伍。

同年 12 月，中共临时中央决定：中国工农红军总司令部兼第一方面军司令部并入中革军委机关，红一方面军改称中央红军；中革军委主席仍为朱德，周恩来、王稼祥为副主席。此后，项英根据中华苏维埃临时中央政府人民委员会的决定，离开中革军委首长的领导岗位回到苏维埃临时中央政府，集中时间和主要精力筹备中华苏维埃第二次全国代表大会召开的工作。

1934 年 1 月上旬，项英回到苏维埃临时中央政府工作后，立即参与了"二苏大"会议召开的筹备工作。1 月 15—18 日，党的六届五中全会在瑞金召开，项英再次当选为中央政治局委员、中央书记处书记。1 月 22 日，"二苏大"在瑞金沙洲坝的临时中央政府礼堂举行。会议期间，临时中央政府主席毛泽东向大会作了《关于中央执行委员会报告的结论》、朱德就红军问题作了报告、项英作了《关于中华苏维埃共和国宪法修改的报告》。2月3日，新当选的中华苏维埃共和国第二届中央执行委员会举行第一次全体会议，选举17人组成中央政府主席团为中央委员会最高政权机关，以毛泽东为主席，项英、张国焘为副主席。

同年5月，项英出席了中央政治局在瑞金召开的会议，与会人员分析了第五次反"围剿"的形势，认为红军在内线已经作战十分困难，形势已无法扭转，决定红军主力撤离中央苏区，进行战略转移的准备工作。

9月初，中央苏区东线和北线防御完全被突破，第五次反"围剿"作战形势愈加严峻。为此，中共中央决定率中央红军主力进行战略转移，前往湘鄂西与红二、六军团会合。9月7日。中革军委发布命令："因中革军委副主席王稼祥在生病之中，决定项英暂代替王稼祥的副主席职务。"由此，项英开始代理中革军委副主席并立即参与了战略转移的准备工作。10月上旬，红军主力战略转移的准备已进入最后阶段。地方红军开始奉命接替第一线防务，红军主力开始向瑞金、于都、兴国、会昌等地集结。就在这时，项英接到中央的指示，决定让他留在中央苏区，负责领导留守红军和游击队，继续坚持武装坚持斗争，掩护主力红军进行战略转移。项英此时虽然很想随中央其他领导一起转移，但面对组织的决定，他毫无怨言，表示坚决服从，迎接新的战斗。

03 坚持游击战争

留守苏区，掩护主力红军转移

1934 年 10 月上旬，中共中央和中革军委被迫准备率领中央红军主力离开中央苏区，实行战略转移时，决定在中央苏区成立中央分局和中华苏维埃共和国中央政府办事处，留守中央苏区，项英为中央分局书记，陈毅为中央政府办事处主任。其任务是牵制国民党军，掩护中央红军主力转移。

当时留在中央苏区的红军有红 24 师，地方红军独立第 3、第 7、第 11 团；江西、赣南、闽赣、福建等军区分别指挥的一些独立团、营等，共 1.6 万余人；连同政府机关、伤病员，共约 3 万人。看起来留下的人数并不算少，但伤病员多，战斗力比较差，特别是近万名伤病员还需要别人来保护和照顾。项英临危受命，对党中央让他留下坚持斗争二话没讲，勇敢地担当起领导中央苏区军民坚持斗争的重任。

10月12日，项英在瑞金县的梅坑，送别了中共中央和军委总部领导人及最后撤离的队伍。当项英和博古、洛甫（张闻天）、周恩来、毛泽东、朱德、王稼祥等领导人话别时，他热泪盈眶，心情异常沉重。

送走中共中央和军委总部后，项英又赶到医院看望陈毅。此时的陈毅因在老营盘作战中负伤，右胯骨折，还躺在病床上。项英向陈毅传达了党中央赋予中央分局的任务和规定要求，并就如何掩护中央红军主力转移和留守坚持游击战争等问题初步交换了意见。随后，项英又同陈潭秋、贺昌、瞿秋白等有关负责人就掩护红军主力转移和留守坚持等问题作了交谈，进一步统一了思想。

10月14日上午，项英主持召开了中共中央分局第一次会议。他鉴于这次会议内容重要，派人将陈毅用担架抬进会场。项英宣布中央分局和中央政府办事处正式成立后，陈毅躺在担架上也作了简要的发言。会后，项英率领苏区中央局主要做了以下5个方面的工作，掩护中央机关和主力红军进行战略转移。

一是积极开展游击战争，加大宣传和打击力度。项英命令留守各部队，在各自的方向根据部署的任务，积极开展游击活动，破坏敌人的筑垒，迟滞敌人的进攻。同时封锁消息，断绝交通，从而掩护主力红军秘密离开苏区，进行战略转移。项英还同陈毅、瞿秋白共同起草了这样一首小诗："白军士兵兄弟，莫听军阀欺骗，切勿烧杀抢掠，你我本无仇冤，协同群众游击，大家打成一片，快把枪口掉转，实行暴动兵变，杀死反动官长，加入红军作战。"然后用中央政府办事处的名义，作为第一号布告发出。

二是不改变党政机关的办公形式，隐蔽红军主力转移。项英认为，虽然中央机关和主力红军已经离开瑞金，但战略转移的行动还没有公开，国民党暂时还摸不清楚。因此，他要求中央分局要继续保持中央机关没有动的样子，以迷惑敌人。为此，中央分局以中央机关的名义保持原来的样子，坚持正常办公，处理正常公务。当时，中华苏维埃共和国中央政府机关报《红色中华》每周3期，项英和《红色中华》报编委会主任瞿秋白决定利用各单位的来稿继续出版，报头、印刷和以前一样，每周3期，照发不误，以此隐蔽中央政府和主力红军的转移，加大宣传和打击力度。

三是分散游击，做好坚持长期斗争的准备。10月底，中央分局和中央政府办事处为开展游击战争，做好长期武装斗争的准备，决定从原西江、瑞金、于都三县的接壤处划出8个区设立瑞西县，设置为"三角地区"，作为中央分局和中央政府的核心地区，直接归中央分局和中央政府办事处领导。随后，中共瑞金特委、兆征县等也先后组建独立营和游击队等游击武装，并根据地形和游击队的分布情况划分了游击区，分散开展游击战，做好坚持长期斗争的准备。红军游击队的存在和游击战争活动的逐步开展，给国民党军增加了压力，给中央红军主力的战略转移以有力的策应。

四是抗击进犯的敌人，策应主力红军战略转移。中央红军主力长征后，项英和陈毅等领导中央苏区军民英勇顽强地抗击国民党军的进攻。1935年1月22日，国民党军东路第3师孤军由瑞金向会昌推进，项英命令红24师在谢坊西侧的湾塘岗伏击敌人，以会昌地方武装作正面扼守，命令福建军区独立团于瑞金河东岸阻击牵制增援之敌。这次战斗红24师消灭敌人半个旅，击溃敌人半个旅，是红军主力长征后，中央军区部队取得的第一次大的胜利。谢坊战斗后，国民党军发现中央苏区仍有正规红军，便加紧调整兵力，寻找留守的红军主力决战。到当年年底，中央军区所属红军及地方游击队，先后吸引牵制敌人2个纵队、15个师又2个旅，从而减轻了红军主力战略转移中的压力，策应了红军主力的战略转移。

五是收容安置伤病员，做好善后工作。在主力红军进行战略转移的同时，项英发动群众收容安置好伤病员，并在小岔、小溪、新陂、于都等处设立卫生所和收容所，在大坝、唐村等地设立了运输转运站。到10月底，中央军区先后收容了近万名伤员，其中一些轻伤员医好后陆续参加当地的游击战争，对重伤员逐步分批地进行了妥善安置，从而进一步稳定军心、民心，保障了中央红军主力的战略转移。

1934 年 11 月下旬，国民党军加紧构筑堡垒封锁线，将苏区分割成数块，加紧"围剿"，使留下的各地党政机关和红军部队受到很大损失。面对这一严峻形势，项英和陈毅等中央分局成员已经意识到，把希望寄托在红军主力回师已经是不可能了，于是提出"独立作战"和"游击斗争"的口号，在战略指导上开始转变斗争方式，围绕着开展游击战，从组织上、思想上相继采取了如下措施：一是派得力干部去各地领导开展游击战争；二是进行游击战争的动员教育；三是整顿中央军区所属部队；四是开展反逃跑现象和失败主义的斗争；五是继续组织精简和疏散伤病员。

1935 年 1 月，中央苏区的形势继续恶化，进攻的敌人开始向瑞西县的"三角地区"步步紧逼。项英和中央分局、中央军区为保卫赣南地区，将红 24 师调到赣南与独 3 团、独 11 团一起打击粤敌。

但在敌军的重兵围攻之下，于1月28日在赣县牛岭战斗中遭受严重损失。此时，南北对进的国民党军，已经把中央军区坚守的瑞金、会昌、于都、宁都4个县城之间"三角地区"分割成数块，中央军区的部队活动不但受到很大限制，而且有在小地区内被歼灭的危险。

项英和陈毅等人在严峻的形势面前，一致认为必须突围，但向哪里突围，意见分歧很大。有的主张集中部队向西突围；有的认为应背靠于都向南发展；有的想回井冈山一带另图发展。项英认为向西、向南突围都有很多的困难，到井冈山地区另图发展也不符合中央的要求，而他自己也难以提出具体的方案，所以他坚持要请示中央后再行动。因此，项英多次致电中央，请求中央给予指示。因为当时中央红军正在进行突破敌军四道封锁线的作战，所以，一直没有得到中央的回电答复。

2月4日，项英再次致电党中央、中革军委，在报告敌情后写道："目前行动方针必须确定是坚持现地，还是转移方向，分散游击及整个部署如何，均应早定，以便准备。请中央及军委立即讨论，并盼于即日答复。"因没有得到中央的指示，项英在2月5日再次向中央报告了分兵突围的意见："……请党中央立即复示，迟则情况太紧张，则愈难。"这时的项英，对留守红军下一步的行动方针、如何分兵突围等问题，是多么渴望党中央、中央军委早日给予明确的指示啊！因此，他致电中央表示"屡电谅达，无一指示，令人不解"。这一天，终于盼到了。2月5日，项英接到了遵义会议后党中央以中央书记处的名义发来的"万万火急"的电报，对中央苏区的斗争作出3点指示：（甲）分局应在中央苏区及其邻近苏区坚持游击战争，目前的困难是能够克服的，斗争的前途是有利的。对这一基本原则则不许可任何动摇。（乙）要立即改变你们的组织形式与斗争方式，使与游击战争的环境相适合，而目前许多庞大的后方机关部队组织及许多老的斗争方式是不适合的。（丙）成立革命军事委员会中区分会，以项英、陈毅、贺昌及其他二人组织之，项为主席。一切重要的军事问题可经过军委讨论，分局则讨论战略战术的基本方针。先此电达，决议详情续告。

项英接到党中央的电报后，立即召集中央分局会议传达，同陈毅等一起研究精简机关部队、改变斗争方式的部署，确定分局只保持项英、陈毅、贺昌3人的集体领导，其他领导干部立即分散转移去各地领导斗争。其中，长期患病的中央分局委员瞿秋白和原中央政府内务部长何叔衡等一起，由武装人员化装护送，经福建、广东或香港转赴上海就医。鉴于当时的严峻情况，项英将怀有身孕的妻子张亮也安排随瞿秋白、邓子恢、何叔衡同行去福建。

项英在准备突围中，首先把红军主力转移时留下的近万名伤病员安置好，轻伤的已陆续动员归队，但还有2000多名重伤员需分散安置。项英商请正在养伤的陈毅领导重伤员的疏散安置工作，陈毅毫不推托，拄着拐棍亲自动员当地干部和群众分头收容安置，他恳切地说："你们把这些负伤的同志抬回去，做儿子也好，做女婿也好，他们伤好了，就多了一个劳动力，多了一个报仇人！"经过多方努力，抬的抬，背的背，很快把重伤员也疏散安置了。

随后，项英立即同陈毅、贺昌对突围等项工作进一步作了研究，决定将部队分九路向外突围并做了具体的部署。到2月下旬，被围困在于都南部的中央军区部队，大多数已陆续突围。

3月9日，项英、陈毅、贺昌率领部队最后撤离中央苏区，在从于都南部的上坪向党中央报告部队突围情况时，由于电台联络非常困难，报务员连续呼叫几个小时，直到当天下午，才与中央的电台沟通将电报发出去。此时，国民党军已经逼近上坪，枪炮声已经耳闻，形势十分危急。项英等电报发完后，便下令埋掉电台，烧掉密码，开始率部突围。此后，项英和中央分局和与中共中央、中革军委便彻底失去了联系。

当天下午5时，项英、陈毅、贺昌率领所属部队，分前后两个梯队冒雨突围。贺昌率红70团两个营为第一梯队，先行向福建长汀方向突围，途中与国民党军遭遇，贺昌在作战中右腿骨中弹被打断，他依然坚持指挥战斗，掩护部队突围，最后壮烈牺牲。项英、陈毅带一个营为二梯队，行动时已是晚间，出发后因道路不熟，渡河受阻，只好退回上坪。第二天，传来第一梯队突围失败，贺昌在突围时壮烈牺牲的消息，项英和陈毅的心情非常难过。项英对陈毅说："贺昌遗体在何处都不知道，也无法为他安葬……"陈毅为此也写下了"哀哉同突围，独我得生全"的诗句，寄托了对贺昌的深切哀思。

鉴于向闽西突围已不可能，项英和陈毅便决定改向敌人力量比较薄弱的闽赣边突围，由代英（今属福建省上杭县）县委书记曾纪财带路，绕过敌人的封锁线，于3月下旬到达大庾（今大余）东南的油山地区，与中共信康赣雄特委的领导人李乐天、杨尚奎等会合。

在项英和陈毅率部突围到大油山不久，赣南军区突围部队也相继到达油山，加上原在油山坚持斗争的游击队共1400余人。这样，项英和陈毅便确定以油山为中心，建立赣粤边根据地继续坚持游击战争。

分散游击，开展“反叛”斗争

　　赣粤边根据地是坚持南方三年游击战争的重要游击区之一，位于江西省南端与广东省北部交界处，包括江西省的信丰、南康、赣县、大余、上犹、崇义、龙南、全南、定南和广东省的南雄、仁化等 11 个县的部分地区。中心区域在信丰、大余、南雄三县毗邻的油山一带，群山连绵，地势险要，森林茂密。项英和陈毅到达油山地区后，为了便于保密，项英化名叫“老周”，陈毅化名叫“老刘”。

　　1935 年 4 月初，项英和陈毅在南雄县境的大岭下村，召集信康赣雄特委、军分区和部队领导干部会议，决定为适应新的斗争形式的需要，机关还要精简，队伍还要分散，以便适应开展小规模的、群众性的游击战争。

　　大岭下村会议在赣粤边三年游击战争的历史上，是一次很重要的会议。它使到会的领导骨干从思想上弄通了战略转移、分散游击的必要性和重要性，从组织上采取了适应游击战争开展的一些积极措施。大岭下村会议的精神和项英所强调的问题，到会的多数领导干部是拥护的，但由于当时环境恶劣，斗争残酷，也有少数意志不坚定的人经不起考验，先后出现了信康赣军分区参谋长向湘林、中央军区参谋长龚楚、北山游击大队后方主任何长林等游击队领导人叛变革命的可耻行为。其中，对游击队破坏和威胁最大的就是中央军区参谋长龚楚的叛变。

1935 年上半年，中央军区参谋长龚楚率原红14 师第 71 团向湘赣边界转移途中率部叛变投敌，被余汉谋封为"'剿共'游击司令"并给他配备了30 多人的卫队，要他到北山来破坏或"招安"红军游击队。同年 10 月中旬，龚楚带着伪装为"红军游击队"的卫队 30 多人，来到北山游击队后方的驻地天井洞，在骗得红军游击队的信任后，于13 日利用开联欢会的机会，突然袭击北山游击队，导致 30 多名游击队员牺牲。北山游击大队大队长兼政委贺敏学等十几人带伤冲出虎口后，余下的北山游击队员，在游击大队后方主任何长林的胁迫下被龚楚收买叛变。但由于消息不通，项英和陈毅对龚楚、何长林等人叛变一事并不知晓。

10月20日，龚楚、何长林在搜捕项英和陈毅的途中，偶遇北山游击队派出的侦察员吴少华，因为何长林认识吴少华，便说："龚参谋长是刚从湘南来的，有重要事情要向老周（即项英）和老刘（即陈毅）汇报，请你给他带路。"但吴少华及时识破叛徒的阴谋，当走到接近北山指挥机关附近的岔路口时，他以解手为名先隐藏起来，然后向匪徒连开三枪，并大喊"叛徒来了"，机警地向反方向跑去引开敌人。

项英和陈毅听到枪声报警，立即带领李乐天、杨尚奎、陈丕显等急速转移到后山隐蔽。龚楚看到阴谋暴露，也只好逃遁，阴谋遂告失败，后来人们将此称之为"北山事件"。项英和陈毅对龚楚叛变投敌的可耻行径极为愤慨，鉴于敌人已发现天井洞一带为指挥机关所在地，下一步必定会再派重兵大加破坏，于是立即派两名侦察员连夜分头通知油山和信康赣两地的党组织和游击队，告知龚楚、何长

林叛变及"北山事件"情况，要他们预加防范。然后立即率指挥机关经梅关向油山转移。

梅关在江西省大余县和广东省南雄县之间，北距江西的大余城7.5公里，南距广东的南雄45公里。他们在一天夜里翻越梅关时实在太累，就在梅关山上找一个避风处稍事休息，没想到大家太累了一躺下就睡着了。对这次偷越梅关，项英在后来的回忆中是这样记述的："由于叛徒龚楚的出卖，我们离开北山，一路乱爬乱走，爬到第二天清早3点钟时，才到达梅关最高峰上，已是疲劳不堪而不能继续走路了，于是大家就在梅关高峰露营。"

同年10月底，项英和陈毅等经长途艰苦跋涉，到达信丰县的潭塘坑，与中共信康赣县委会合。这时，国民党军把游击队经常活动的村庄房屋烧光，强迫群众连人带粮全部搬出山外，并入山边和山外的大村庄，集中编为保甲，只准每月逢一、逢五、逢十进山砍柴，平时不准进山，违者以"通匪"论处。企图采用强行移民并村和逼迫群众出山的手段，割断游击队与群众的联系，将游击队饿死、困死于空山之中。

11月2日，项英和陈毅在潭塘坑，召集中共赣粤边特委和信康赣县委、南雄县委联席会议，中共赣粤边特委领导人李乐天、杨尚奎、陈丕显和信康赣县委书记刘符节、南雄县委书记罗世珍等人参加了会议。项英和陈毅在听取与会人员汇报后，特别是根据叛徒龚楚出卖革命，叛变投敌的情况，决定再次分散和缩小游击队的目标，以避开敌人的破坏。为加强集中领导，会议决定中共赣粤边特委书记由项英兼任，并在潭塘坑的山上建立交通总站联络点，及时派交通员沟通北山、三南、南康龙回和赣县大龙的交通线，传达特委指示和传递各地往返的信件。

为了使特委的指示、宣传品等能很快印发各地，及时揭露叛徒龚楚等人叛变革命的罪恶活动，项英筹建了特委油印处。这个油印处设在水口庙里，共3个人，一人负责刻写钢板，两人负责油印和分发。据在油印处工作过的郭洪传回忆："油印处自开办至1937年冬历时两年，项英同志写的东西最多，不仅有文件传单和标语，还有政治教材。在此期间，油印处还印发了项英起草的长达近6000字的《关于开展反叛徒斗争讨论大纲》，以中共赣粤边特委的名义下达，在游击队和地方党组织中组织学习讨论，进行革命气节教育，开展反叛徒斗争。"

项英和陈毅分析了潭塘坑周边的地形和环境后，决定以此为中心，继续扩大和开辟新的游击区域，坚持反"清剿"游击战争。为警告反动保甲长和土豪劣绅，不要为非作歹与游击队为敌，捕杀了信丰县杨柳坑劣迹斑斑的恶霸刘翼德，处决了大余县长江圩的反动保长蓝秀清。通过这些警告和惩治，使信丰、大余边界的恶霸土豪、反动保甲长在行为上有所收敛。其他地区游击队按照项英的部署，也积极开展群众性的游击活动，使游击区从山里很快就向池江平原地区发展。

1936年的5月，为了扩大和开辟新的游击区，推动龙南、全南、定南这"三南"地区革命形势的发展，项英与陈毅研究决定成立中共信南县委，具体负责"三南"北部和信丰部分地区的领导，调南雄县委书记罗世珍为信南县委书记，南雄县委书记由赣粤边特委副书记杨尚奎兼任，以"三南"为中心继续坚持极为艰苦的游击战争。

同年的6月1日，国民党广东军阀陈济棠、余汉谋和广西军阀李宗仁、白崇禧以抗日救国的名义，联合发动了反对蒋介石的两广事变。这次事变后，粤军停止了对赣粤边游击区的进攻，并陆续从大余、信丰等地撤走，保安团、"铲共团"也随之龟缩起来，赣粤边游击区持续一年多的紧张形势突然出现了罕见的平静。

项英得知发生两广事变的消息后，立即在潭塘坑召开各县县委负责人、游击队长、交通站长等人参加的会议，分析形势，统一思想。为适应新形势下群众工作的需要，项英以赣粤边红军游击队的名义，起草并发表了《为两广事变告群众书》，要求各地党组织和红军游击队在调整政策、策略过程中，积极开展统一战线工作，通过搞"两面政权"或采取"孙行者钻到牛魔王肚皮里去"的战术，派人打入国民党军和民团、"铲共团"内部，领导群众广泛地开展斗争，进一步巩固老区，发展新区。

审时度势，领导红军游击队改编

　　1936 年 12 月中旬的一天，项英得知西安事变后，大家对于是否"杀蒋"、国共是否能联合抗战等问题，认识不一，为了统一大家的思想，就在油山召开了一次干部会议。在这次会议讨论过程中，大家对蒋介石会不会被释放的问题争论得很热烈。与会的绝大多数同志认为，抓蒋介石，杀蒋介石，是全国人民的心愿，放掉他等于放虎归山，怎么能放呢？但项英对这个问题的看法与大家有所不同，当他在会议上说"也有放的可能"时，有人不赞成项英的看法，立即反驳说："这是右倾机会主义的论调！除非叫你项英处理才有可能放，别人处理就不会有放这个可能！"项英对此没有介意，而是引导大家从国家民族全局的利益来考虑问题，然后心平气和地回答说："现在杀了蒋介石，还会有王介石、李介石。所以杀了谁并不能解决根本问题，重要的是建立统一战线，实行联合抗战的问题。如果要是叫我处理，我就放了蒋介石，因为放了他，对团结整个国家民族的抗战有利。"

项英的上述说法虽未能说服大家，但却引起大多数同志的深思，大家没有就此再争论下去，不久传来消息，蒋介石真的被放了。对此，许多同志说："还是项英同志的水平高，看得远，看得准！"原来不同意项英看法的人，对他也佩服了。

蒋介石在"西安事变"中虽然没有被杀，但是他的"清剿""反共"政策却依然没有变化，赣粤边的"分区绥靖"和"清剿"仍在进行中。国民党军第46师从5月底开始，以"分区清剿"的方式，首先"清剿"信南区。项英指示游击队避开敌军锋芒，展开了新的反"清剿"斗争，将信南游击队转到"清剿"范围外的信丰、龙南边境活动，打击"铲共义勇队"和地主武装，缴枪百余支，筹集了一批经费。康赣游击队转到北山地区活动后，留下的少数人员和群众游击小组混在一起，使敌难分兵民，"清剿"落空。北山游击队积极开展活动，打土围子，捉土豪，缴枪支，恢复老游击区。在项英和中共赣粤达特委的领导下，在各地区党组织和游击队的努力下，于 6 月中旬粉碎了国民党军第46 师的"清剿"。7 月初，国民党军第 46 师鉴于"分区清剿"仍无济于事，正准备做重点进攻时，卢沟桥事变爆发了。全国人民同仇敌忾，强烈要求停止内战，一致抗日，第 46 师对赣粤边游击区的"清剿"，也被迫于 7 月 11 日停止。

卢沟桥事变的消息传出后，项英从报纸上得知中共中央提出了国共合作、共同抗战的口号，便立即给陈毅写信，派交通员火速送去。陈毅接信后，立即赶到项英驻地。他俩商量后，决定迅速召开中共赣粤边特委会议，分析形势，确定了同国民党当局举行谈判、联合抗日的方针。在此期间，项英通过地下交通人员，买到了香港出版的一批进步书籍，从一本《新学识》的书刊中，看到毛泽东所作《中国共产党在抗日时期的任务》报告摘要。

项英看到这个报告摘要，如同久旱逢甘霖一样的高兴。为此，他在自传中写道："看到毛泽东同志关于调整党的政策的指示，我们如获至宝一样，那种高兴的心情真是无法用言语来形容的。因为有了它，我们再讲国共合作就有根据了。"随后，项英以个人名义写了一篇题为《中国新的革命阶段与党的路线》的文章，立即转发给各游击区的领导人。项英在文章中，要求各游击区在同国民党当局谈判合作抗日时，必须严格遵守党中央指示中所提出的条件：一是在特区和红军中，必须保持我们党的领导权；二是在国共两党关系上，必须保持党的独立性和批评的自由；三是争取抗日战争的领导权。要求各地游击队必须遵照党的路线来进行合作抗日。

项英和陈毅等人，在远离中央得不到指示的情况下，审时度势，为了建立抗日的民族统一战线，争取国共合作抗日的需要，决定将赣粤边红军游击队改名为赣南人民抗日义勇军。但赣粤边红军游击队和地方干部思想活跃，对国共合作抗日的形势议论纷纷。

项英意识到，在历史转折关头，统一干部的思想认识是十分重要的。于是，他在8月初召开的赣粤边游击区干部大会上着重指出：卢沟桥事变的爆发，使民族矛盾上升为主要矛盾，阶级矛盾下降为次要矛盾，停止内战、一致抗日已成为党的中心任务，在这样的情况下，各级干部必须尽快实行由反蒋到"联蒋"、由内战到抗日的思想转变。

8月20日，项英以中共赣粤边特委的名义，写信给国民党江西省政府主席熊式辉等人，宣传中国共产党关于建立抗日民族统一战线的政治主张，敦促他们协商合作抗日事宜。同一天，项英还以中共赣粤边特委的名义，命令南雄、大余、信丰、南康、赣县的党组织和游击队，立即停止游击活动，以表示合作抗日的诚意。

为了广泛宣传中国共产党的抗日主张，项英领导中共赣粤边的党组织和红军游击队，把抗日口号写在竹片上、木板上，插在交通要道上，投入河流中，漂流到大余、南雄、赣州等地，广为宣传。项英为实现其正确主张，在同陈毅和中共赣粤边特委充分准备的基础上，开始同国民党当局进行了复杂而又曲折的谈判斗争。其中赣粤边游击区大的谈判先后有4次：

第一次是9月8日，由陈毅作为全权代表，

在池江与大余县政府代表谈判。这次就国民党当局停止武力"清剿"、释放被捕的共产党员、停止对共产党和红军游击队的造谣污蔑等问题，达成7项初步协议。

第二次是9月11日，陈毅前往赣州，同国民党江西省政府代表、保安处参谋长熊滨和第四行政督察专员公署专员兼保安司令马葆珩举行谈判。这次谈判，经过激烈的讨价还价，在许多问题上达成了协议。9月12日，陈毅作为中共赣粤边特委的代表，在合作意见书上签字。16日，熊滨代表国民党江西省当局在处理红军游击队改编为抗日义勇军的办法上签字。在这次谈判过程中，陈毅根据事先同项英等研究的意见，要求国民党当局将关押在南昌的原红十军团军政委员会主席方志敏的妻子、共产党员缪敏迅速释放。

第三次是9月21日，项英到赣州会见江西第四行政督察区专员公署专员兼保安司令马葆珩和第46师师长戴嗣夏，就红军游击队集中的有关问题进行谈判。其谈判主要内容是：赣粤边红军游击队在9月底前，在大余县池江附近集中进行点编，点编后改为抗日义勇军游击队，一切经费、给养都由江西省政府按保安团官兵同样待遇配发。

第四次是 9 月 24 日，项英应邀去南昌同国民党江西省政府谈判。这次谈判，主要是解决赣粤边游击区以外的南方其他游击区的红军和游击队改编为抗日武装的问题。

9 月 29 日，项英在南昌发表了《告南方游击队的公开信》，传达了党中央关于将红军游击队改为抗日救国武装的指示精神。项英这封公开信通过报纸，很快向各地红军和游击队传播了信息。为便于同南方各地红军和游击队联络改编的各项事宜，项英确定在南昌月宫饭店设立南方红军游击队总接洽处，在吉安等地设立红军游击队接洽处。

项英在南昌期间，还多次督促国民党江西省当局立即释放方志敏之妻缪敏。据当年 10 月 1 日国民党赣南《民国日报》报道："缪敏女士，江西弋阳人，在南昌军人监狱，被判无期徒刑。此次项氏抵省后，经省电呈何部长（按：指国民党军政部长何应钦）核准，恢复自由。"缪敏获得自由后，于 9 月 29 日随项英离开南昌，30 日到达赣州。

10月1日，项英由赣州回到了大余县的池江，为履行赣州和南昌谈判所达成的协议，以中共赣粤边特委的名义指示各有关县委、区委，要他们派代表与国民党方面的县、区代表谈判，均达成相应的协议。项英在远离党中央，孤军坚持南方游击战争的情况下，审时度势，决定集中领导南方红军和游击队同国民党当局的谈判改编，历史已经证明是符合民族最高利益的、符合党中央关于建立抗日民族统一战线的指示精神的，具有战略家、军事家的远见卓识，为后来新四军的组建创造了条件。

亲赴延安，向党中央汇报

1937年9月下旬，在南昌同国民党江西省当局谈判的项英，从报纸上得知中共中央代表博古和八路军代表叶剑英正在南京同国民党政府谈判时，立即给他们发去电报，并请他们转毛泽东等中央领导同志：

久别以来，音信断绝。现为改编各边区部队抵达南昌，如与江西省政府商妥一切，即日返赣南，以求迅速集中。闻诸兄在京，特此电达，请派人来弟处联络。如有电复及来人，可到省保安处找。

此时，在南京谈判的博古，也在为寻找项英而着急。因为党中央领导同志从报纸上得知项英和陈毅同国民党地方当局谈判的音讯后，就曾设法联系，准备告诉当时党的政策以及他们谈判中应注意的事项，然而由于种种原因没有联络上。博古接到了项英的电报，真是喜出望外，立即将项英的电报转给党中央并附了以下两句话："我们日内派交通带《解放》周刊及文件去，并去电约其来京。"

但派谁去和项英联络？博古和叶剑英想起正在八路军驻南京办事处招待所等待分配工作的顾玉良。此人在1928—1930年曾在上海党中央机关担任过交通员，与项英有过多次工作上的联系，决定派其前往。

10月3日，顾玉良从南京起程，经九江、南昌等地后，于11日早晨赶到赣粤边红军游击队办事处所在地大余县池江圩。

这天早上，外面正下着小雨，项英的住处来了一位身着国民革命军制服的上尉军官，他很快就认出来人是顾玉良，便略有所思地说："这不是顾玉良吗？你怎么到这里来了？"此时，急于想找到项英的顾玉良，顾不得多说便立即走上前去，递交了博古和叶剑英的亲笔信，详细汇报了他前来的任务。项英听后特别兴奋，简单地吃了早饭，就带着顾良玉赶到赣粤边红军游击队驻地，向杨尚奎、陈丕显等传达中央指示，一起研究了谈判和集中整编等问题。

10月12日上午，项英带着两名警卫员和顾玉良一起，从池江圩出发去南昌，一路辗转，于10月18日到达南昌后，通过国民党江西省政府保安处提供去南京的护照后，项英一行离开南昌乘火车去九江，然后乘船顺流而下，于23日到达南京傅厚岗六十六号（今青云巷四十一号）八路军驻南京办事处，同博古、叶剑英相见。

项英在南京期间除了同博古、叶剑英进行交

流外，应《解放》周刊编辑部约稿，怀着对抗战的极大热情，以最快的速度，写出了《南方三年游击战争经验对于当前抗战的教训》一文，刊登在1937年12月11日出版的《解放》周刊第1卷第27期上。项英在这篇文章中首次披露了南方红军和游击队指战员在中国共产党的领导下，紧紧依靠人民群众，孤军奋战，在极端艰难困苦的环境下，坚持南方三年游击战争的情况。这篇文章发表后，引起了极大的反响，人民群众说：想不到还有这样一支共产党的队伍。

1937年11月7日，项英从南京经西安等地，一路辗转到达延安，当面向毛泽东等中央领导人汇报了坚持南方三年游击战争的情况，倾吐了南方红军和游击队指战员对党中央和中央领导同志的思念之情。

毛泽东在交谈中告诉项英：在七七事变后，党中央对国内政策作了许多重大调整，包括南方红军和游击队将改编为新四军的谈判进展情况，叶挺已于9月28日被蒋介石任命为新四军军长，党中央也确定项英任新四军副军长，共同参加新四军的筹建工作。

项英得知叶挺当时就在延安，并在两日后即将离开延安等情况后，便不顾旅途劳累，立即前往看望。项英与叶挺早在 1926 年就有交往。那时，叶挺率所部担负武汉的警备任务，项英是武汉中共党组织和工会的领导人之一。项英和叶挺在交谈中，共同回顾了这段难忘的往事，并就红军和游击队改编为新四军的问题初步交换了意见。

第二天，即 11 月 8 日晚上，党中央为项英专门召开欢迎会，党中央机关的部分干部和抗日军政大学的部分学员参加了欢迎会，毛泽东和项英、叶挺等领导人同坐在主席台上。毛泽东在致辞时说：我们所以开会欢迎项英同志，是因为他领导南方红军和游击队，在坚持三年游击战争中进行了浴血奋战，粉碎了国民党军连续的"清剿""围剿"，保存了革命的力量，坚持了 10 多块游击区。这是我们和国民党 10 年血战的结果的一部分，是抗日民族革命战争在南方各省的战略支点，这是中国人民一个极可宝贵的胜利，全党同志都应学习项英同志及南方各游击区的同志们艰苦奋斗的精神和模范业

绩，更好地打击日本侵略者，完成党中央所确定的各项任务。

项英在讲话中讲道：南方红军和游击队的广大指战员，在斗争残酷、条件艰苦的情况下，仍然意志坚定，斗志旺盛，紧密地和人民群众联系在一起，时刻想着党中央，倾听着党的声音，注视着全国革命形势的发展，保持着为人民解放事业而奋斗到底的坚强信念。现在，南方红军和游击队指战员，将在党中央的领导下按照党中央的部署，参加到抗日的行列里，完成党中央赋予的各项任务。

毛泽东和项英的讲话，赢得了到会同志的阵阵掌声。

项英在延安期间，遵照党中央的指示，对坚持南方三年游击战争的情况和经验教训进行了认真回顾。他在没有资料可以查考的情况下，凭着自己的丰富实践和极强的记忆力，认真总结了南方各游击区，特别是赣粤边区3年来开展游击战争的过程、经验和教训，向党中央写出了长达6万多字《三年来坚持的游击战争》的汇报，为全面研究坚持南方三年游击战争留下了第一手的宝贵资料。

党中央秘书处接到项英关于《三年来坚持的游击战争》的情况报告后，立即印发给中共中央政治局委员毛泽东、陈云、周恩来、林伯渠、彭德怀、刘少奇等阅看。

12月9—14日，中共中央政治局举行十二月会议。项英参加了这次会议，并就《三年来坚持的游击战争》的报告作了补充性的说明。同年12月13日，中共中央政治局根据项英的报告，作出了《关于南方游击区工作的决议》：

政治局听了项英同志关于南方游击区的报告之后，认为项英同志及南方各游击区的同志在主力红军离开南方后，在极艰苦的条件下，长期坚持了英勇的游击战争，基本上正确的执行了党的路线，完成了党所给予他们的任务，以致能够保存各游击区在今天成为中国人民反日抗战的主要支点，使各游击队成为今天最好的抗日军队之一部。这是中国人民一个极可宝贵的胜利。

项英同志及南方各游击区主要的领导同志，以及在游击区长期艰苦奋斗之各同志，他们的长期艰苦斗争精神与坚决为解放中国人民的意志，是全党的模范。政治局号召全党同志来学习这些同志的模范。

现在放在中国共产党前面的任务，是在扩大与巩固以国共两党的合作为基础的抗日民族统一战线，以战胜日寇。政治局相信南方过去各游击区的同志同样能够在中央及中央东南分局的领导之下，完成争取中华民族的独立解放的神圣的任务。

上述决议不仅客观地反映了项英、陈毅和他们直接领导的赣粤边三年游击战争这段历史，也是对他们为革命所作出的重要贡献的公正评价。

在距上述决议 54 年后的 1991 年，中共中央原顾问委员会常务委员陈丕显，在为《南方三年游击战争·赣粤边游击区》一书所写的序言中，对项英、陈毅领导赣粤边军民坚持的三年游击战争也作了高度的评价。其中写道：赣粤边游击区的红军游击队，所以能在三年艰苦卓绝的斗争中，摧不垮，打不烂，拖不散，始终坚持斗争，直至最后胜利，主要是红军游击队全体指战员万难不屈和英勇善战的结果，是游击区人民群众真心实意支援的结果，是中国共产党英明正确领导的结果。尤其值得一书的是，项英、陈毅在直接领导赣粤边游击战争中，依据马克思主义的普遍原理，结合赣粤边游击区各个阶段的斗争实际，创造性地制定和总结了一整套群众性游击战争的战略战术，群众工作的方式方法，思想政治工作的方针原则，统一战线的灵活斗争策略，丰富和发展了井冈山时期游击战争的理论和实践，使赣粤边游击区在极其复杂和艰难的条件下得以生存和发展。他们为取得南方三年游击战争的胜利作出了重要贡献。

04 转战大江南北

为新四军的组建呕心沥血

1937 年 8 月 1 日，中共中央发出了《关于南方各游击区域工作的指示》，要求各游击区根据统一战线的开展和抗日战争形势，以保存和扩大革命支点为目的，结合当地实际情况，灵活地全面地改变自己的一切工作，在保存与巩固革命武装，保障党的绝对领导的原则之下，可以与国民党驻军或地方政权进行谈判，改变番号与编制，以取得合法地位，党中央这一指示，是为实现抗日民族统一战线而提出的重大决策。

但是，由谁来领导改编后的这支队伍？正当国共两党提出的人选未能取得一致时，10 年前广州起义失败后流亡在海外的北伐名将叶挺回到国内，表示愿意领导由南方红军和游击队改编的这支部队，并提议改编后的番号称"新四军"，以传承北伐战争中国民革命军第四军"铁军"的精神，得到国民党当局批准。9月28日，经蒋介石签发，国民政府军事委员会发出通报，"任命叶挺为新编第四军军长"。

10月12日，国民党江西省主席熊式辉正式转发蒋介石的电报，指令将鄂豫皖边区高敬亭部、湘鄂赣边区傅秋涛部、粤赣边区项英部、浙闽边区刘英部、闽西张鼎丞部等，均"统交新编第四军军长叶挺编遣调用"。这是在国共两党关于合作抗日、改编南方红军和游击队的谈判之后正式发表的第一个公告。因此，后来的10月12日这一天，就成为新四军的建军节。

然而南方红军和游击队怎样统一编组为新四军？中共中央此时还没有最后确定下来。10月30日，洛甫、毛泽东致博古、叶剑英的电报中明确提出：南方红军和游击队"集中五分之三为一军，以叶挺为军长（待考虑），项英为副军长"。这说明党中央此时就项英担任新四军副军长的问题已明确下来。

12月14日下午，中共中央政治局开会专门讨论了南方红军和游击队改编等问题。项英在会上重点汇报了南方各游击区的主要情况、红军和游击队对改编的基本态度和改编的原则等。项英报告后，政治局会议展开了热烈的讨论。毛泽东首先发言，称赞项英的报告很好，提议中共中央东南分局主要负责人和中央军委新四军分会主席均由项英兼任。

随后，陈云、李富春、曾山、刘少奇、彭德怀等与会人员，先后都发言同意毛泽东的提议，并确定成立党的东南分局和中央军委新四军分会。其中东南分局以项英为书记，曾山为副书记；中央军委新四军分会以项英为主席（后称书记），陈毅为副主席（后称副书记）。中央政治局这次会议，对新四军编组的方针、原则和组织领导等方面的重大问题，最后确定了下来。

会后毛泽东、项英联名复电叶挺：新四军原则上可照何应钦的提议，作进一步磋商。对新四军的编组、部署和干部配备均由共产党方面负责，不要何应钦派人。这就为而后在新四军部队中坚持共产党的绝对领导，建立共产党的组织和政治机关，贯彻中国共产党的路线、方针、政策，提供了组织保证。

项英在参加党中央政治局会议后，与彭德怀离开延安，一路辗转，直到 12 月 23 日才到达武汉八路军驻武汉办事处。项英和彭德怀到达武汉后，立即与中共代表团王明、周恩来、博古等会面，向他们传达了党中央关于新四军编组和组织领导的决定事项。由于中共代表团和长江局两个机构的成分大致相同，因此他们在武汉召开的第一次联席会议后向中央建议，将两个机构合为一个组织，对外称中共代表团，对内为长江局；以王明、周恩来、项英、博古、叶剑英、董必武、林伯渠组成，暂以王明为书记，周恩来为副书记。

早在项英到达武汉以前，叶挺已在武汉大和街 26 号设立新四军筹备处，挂起新四军军部的招牌。12 月 24 日中午，叶挺军长在大和街 26 号招待项英等人。叶挺在讲话中，对项英和从延安来新四军工作的干部，表示热烈的欢迎。他说："你们的到来，带来了中共中央对新四军的关怀，带来了红军的光荣传统，必将推动新四军的壮大和发展。"

项英在讲话时，对叶军长的盛情款待表示感谢。他说：新四军的成立，是国共两党谈判确定的，是抗日形势发展的需要。大家为着抗日走到一起来了。叶军长是北伐名将，为新四军的建立做出了极大努力，希望大家今后要很好尊重叶军长的领导，认真执行叶军长的命令和指示，在叶军长的领导下，团结协作，加快部队的编组，争取早日开赴抗日前线，去打击日本侵略者。

12月25日下午，叶挺、项英和张云逸召集已到武汉的新四军工作的干部开会，叶挺、项英分别报告了抗战形势、上海和南京失陷的经过及原因，布置了当前的工作任务。这是新四军军部机关的第一次会议，实际上也是军部机关成立的会议。此后几天，项英除同叶挺、张云逸就部队编组和集中、展开等问题进行研究外，还多次参加长江局的活动，同王明、周恩来、博古、叶剑英等一起，就南方红军和游击队编组为新四军等问题研究商定了最后的意见，然后由项英代表中国共产党同国民党当局谈判。

项英在谈判中，根据中共中央的意图，在坚持国民党不得插手、坚持共产党对新四军绝对领导的前提下，决定在军以下编为4个支队，每个支队编两个团。国民党当局同意这个方案。在隶属关系上，最后确定由国民党第三战区管辖。从而使南方红军游击队改编的问题最后得到了解决。

12月28日，毛泽东复电项英：同意新四军编为4个支队及支队以上干部的配备方案。项英接到复电后，立即转告叶挺军长。叶挺表示，由他按规定的程序考虑支队以上领导干部的任免事宜。

1938年1月初，陈毅、张鼎丞、张云逸、高敬亭被叶挺依次任命为新四军第一、第二、第三、第四游击支队司令员。此后不久，叶挺为解决新四军经费困难、枪械缺乏等问题，先是留在武汉筹集经费，后又飞赴香港，继续筹款购买武器，因而红军游击队的集中改编等具体工作就落在项英身上。

1月6日，项英和张云逸、曾山、周子昆一

起，率新四军军部机关人员乘江裕号轮船，离开武汉，沿长江顺流而下，经九江辗转到达南昌书院街高升巷新兴公馆新四军办事处。随后在《新华日报》上刊登了新四军司令部由前汉口大和街二十六号已移往南昌三眼井本部的公告。

新四军军部进驻南昌后，部队编组和集中等项工作，在项英的领导下全面展开。新四军被编为4个支队10个团，共1.03万余人，6200余支枪。

对新四军的编组和集中后的任务，项英在1938年6月15日发表的《新四军的昨天和今天》一文中讲道："散布在南方八省的红色健儿，分为三部分。一是中央红军主力长征后留下来的；二是以原红七军团组成的北上抗日先遣队和红六军团留下的种子；三是新四军的编组已经完成，军部于1937年底，即先在汉口成立，到1938年1月移到南昌，部队分为四个支队，业已在江西、江北集中完毕，已开赴敌后，打击日伪军。"

新四军的成立，是中国共产党抗日民族统一战线在南方实现的一个重大成果。它对于开展华中敌后抗战迅速壮大人民武装力量，具有重大的战略意义。对项英在新四军编组过程中的重要作用，陈毅在 1940 年 10 月《云岭》第 28 期上发表文章中指出："项副军长以其历史地位在全党的威信，使南方七、八省游击队造成铁的力量。以后跟叶军长合作，使改编成功，这就是本军成立的关键。"

挺进敌后，开辟苏南抗日战场

按照国民党第三战区兵力防御部署，新四军组建后要开进安徽歙县岩寺地区和舒城、庐江地区集结。而这些地区位于日伪统治的腹地，方圆不过百余公里，属于平原地带，地区河川水沟纵横交错，铁路公路密如蛛网，日军据点星罗棋布。因此，新四军在这个地区活动，日伪军可以随时从四面八方联合进攻，而新四军既无崇山峻岭可以依托，又无茂林修竹能够隐蔽，部队行动会受到许多限制。

项英对国民党这种借刀杀人的部署看得很清楚。在国民党当局的命令下，项英和叶挺以抗战大局为重，"明知山有虎，偏向虎山行"，组织新四军向敌后挺进。因此，早在1938年2月14日，项英就致电毛泽东并建议：新四军不宜全部集结岩寺，应尽量前伸，向苏浙皖边之昌化、绩溪、孝丰、宣城、宁国等地配置；以配合正规军作战为原则，以游击战略机动地完成；到苏浙皖边地区，就可以自由进退。这是关于新四军向北发展、向东作战、向敌后进军的最早构想，为党中央、中央军委确定新四军的行动方针提供了参考。

毛泽东为此在2月15日复电项英、陈毅："同意14日电的行动原则，力争集中苏浙皖边发展游击战。但在目前最有利于发展地区，还在江苏境内的茅山山脉，即以溧阳、溧水地区为中心，向着南京、镇江、丹阳、金坛、宜兴、长兴、广德线上之敌作战，必能建立根据地，扩大四军基地。"毛泽东的这个复示，为新四军的发展指明了方向。

项英接到毛泽东的复电后，立即同叶挺、陈毅等其他领导人作了研究，确定从第一、第三支队抽出部分团以下干部和侦察分队组成先遣支队，由栗裕任先遣支队司令员，率领先遣支队先行出动。

　　4月初到达岩寺后不久，就遵照毛泽东关于苏南最有利于发展的指示精神，确定派先遣支队去苏南进行战略侦察，"先行了解与侦察前进的路线与作战的情况，以便于大部队的开进"，并将此行动向党中央作了报告，得到了同意的批示。

　　1938年4月26日，项英在军部召开的干部大会上，对先遣支队的出动作了动员，说明当时的抗战形势，派出先遣支队的重大意义，要求先遣支队各级干部，要以最坚强的意志和耐心，运用机动灵活和妥善的战术，深入敌后，打击敌人，了解情况，为我军的展开和发展创造有利的条件。在这次大会上，项英还介绍新到任的军政治部主任袁国平和大家见面，称赞袁国平有丰富的政治工作经验，经受过中央苏区历次反"围剿"和长征的考验，是由党中央、中央军委、毛主席挑选后派来新四军工作的。他同时进一步强调政治工作的重要性，要求各级领导都要重视政治工作，积极支持政治机关开展工作，动员和保证部队胜利地进行战斗。

4月28日上午，项英和新四军的其他领导人在岩寺镇外，欢送粟裕率领先遣支队指战员出征。他看到这些佩戴着"抗敌"臂章的指战员个个雄赳赳、气昂昂，心里十分高兴，嘱咐他们早日传来打击日本侵略者的胜利捷报。随后，项英向毛泽东和长江局报告：粟裕率领的先遣支队，已于28日出发，各支队不日将陆续跟进。

5月12日，项英在军部接到第四支队的报告，进至皖中巢县抗日的第9团2营和侦察队，于当日上午在蒋家河口设伏，毙伤日军20余名，缴枪10余支，伏击的指战员无一伤亡。

蒋家河口首战告捷的喜讯，通过无线电波迅速上报，扩大了新四军的政治影响。5月15日的《新华日报》，专门刊登了这一胜利的消息。蒋介石也于5月16日给叶挺、项英发来祝贺的电报："叶、项军长吾兄：电悉。贵军四支队蒋家河口出奇挫敌，殊堪嘉慰。希饬。继续努力为要。中正铣日。"

蒋家河口战斗是新四军开赴敌后打击日本侵略者的第一个胜仗，戳穿了所谓"皇军不可战胜"的神话，鼓舞了大江南北抗日军民的斗志，增强了

抗战胜利的信心，揭开了新四军挺进华中敌后开展抗日游击战争的序幕。

半月后的一天，陈毅率领的一支队与粟裕率领的先遣支队在溧水的剧新桥会合。为此，项英在6月15日向党中央、毛主席报告：目前一支队正着手在茅山一带建立根据地；二支队主力在当涂以东小丹阳两侧山地为根据地，开展活动；三支队以一个营在芜湖至宣城的公路两侧活动，军部及三支队位于南陵至泾县间山地整训，"如敌前进，即可依据这一地区在敌人翼侧活动，并在某种情况下，即可派一部队伍到天目山脉和仙霞山脉发展游击战争"。

6月17日，先遣支队在镇江西南的韦岗（今江苏省镇江市丹徒区境内）设伏，毙伤日军土井少佐以下20余名，击毁汽车4辆，缴获军用品1部。韦岗战斗是新四军在江南的首战，也是苏南抗日游击战争的良好开端。项英接到韦岗战斗胜利的报告后，十分高兴。他在6月23日给陈毅的信中，给予了高度评价。他写道："先遣队的确起了先锋作用，奠定了我们在江南发展和胜利的基础。"陈毅也为此赋诗祝贺：

弯弓射日到江南，

终夜喧呼敌胆寒。

镇江城下初遭遇，

脱手斩得小楼兰。

随后，新四军在大江南北实施了战略展开，至 1938 年年底，先后进行了青弋江、马家园、当涂、小丹阳等战斗、初步打开了苏南、皖中的抗战局面，创建了茅山、皖中抗日根据地，扩大了新四军的影响和声威，为新四军深入敌后，转战大江南北，建立巩固的敌后抗日根据地奠定了基础。

再赴延安，参加党的六届六中全会

1938 年 7 月下旬的一天，项英接到中共中央通知，要他立即去延安，准备参加 9 月召开的扩大的党的六届六中全会。项英将中央的通知告诉叶挺军长后，接着召集东南分局、军分会和新四军委员会会议，对工作作出安排。项英考虑到党中央领导同志在延安工作很劳累，条件很艰苦，于是叫副官处准备了一些金华火腿和白酒带到延安，请老战友们品尝。

7月28日上午，项英由云岭动身去延安。此时，由于九江7月25日已经失陷，由皖南去武汉的水路已经不通，只好乘车绕道先转赴武汉，然后和长江局领导成员王明、周恩来等人一起，从武汉乘汽车去西安转赴延安。

项英到达延安后，在向党中央的有关领导人汇报情况时，还将他住在皖南南陵县土塘村利用间隙写出的自传，交给了中央组织部。这份长达6000余字的自传，是他根据中央组织部的要求而撰写的，文末注明"1938年6月16日，于安徽南陵前线军中"。这份自传，是他关于个人情况向党的全面汇报，在简述了家庭和本人青少年时期的情况后，主要汇报自己参加革命后的重要经历、所遇到的重大历史事件以及对这些重要问题的认识，对研究项英，乃至对研究党史、军史的某些重大历史，都有着很重要的参考价值。

9月29日，中共中央扩大的党的六届六中全会举行第一次全体会议。会议选举了毛泽东、朱德、周恩来、王明、洛甫、博古、项英、康生、王稼祥、彭德怀、刘少奇、陈云12人为会议主席团成员。随后，在9月30日上午举行的党的六届六中全会第二次全体会议上，项英根据会议的安排，向大会作了《关于新四军的成立与现状》的报告，博得了一阵阵热烈的掌声中。

此时，新四军成立一周年的时间已经临近，为此，中共中央于10月1日给新四军全体将士发来贺电：

新四军在与日寇血战的一年中，取得了很大的胜利，打击了日寇，壮大了自己，创设了游击区域。我们相信，新四军以原有的艰苦卓绝的奋斗精神，丰富的游击战争的经验，定能克服当前的一切困难，提高部队的政治觉悟与战斗力，成为大江两岸的一支模范军队。同时，我们相信，新四军本着共产党的正确路线，依靠着共产党的骨干，一定能够与一切抗日军队亲密团结，共同进行反对日寇的持久战争，争取持久战的胜利。祝新四军的成功与胜利！

项英在延安期间，在陈云、李富春的帮助下，找到了从未见过面的女儿项苏云和儿子项学成。项苏云1931年生于上海，当时项英已去中央苏区，随后母亲张亮也去中央苏区，项苏云就留在上海，由李富春、蔡畅夫妇和林育英夫妇抚养，抗日战争全面爆发后辗转来到延安。项学成1935年生于福建，1937年随母亲张亮来到延安。

此时，项英在延安同失散多年的孩子见到面，看到他们在组织上和老同志的关怀培养下茁壮成长，活泼可爱，十分高兴。国际友人马海德还为项英和两个孩子在中央组织部招待所门前拍下了一张珍贵的照片。项英勉励孩子，要听老师的话，听阿姨的话，好好学习、锻炼身体，长大了跟着党干革命。但是，项英没有想到，这竟然是他一生中与儿女唯一一次相见。

2001年，年已古稀的项苏云谈起她与父亲见面的情景时，充满深情的忆念：我和我的弟弟今生只见过父亲一面，那就是 1938 年党的六届六中全会期间，由陈云、李富春同志陪着，在中央组织部的招待所见到的。当时，我刚满 7 岁，读小学一年级；弟弟才三四岁，在保育院。那次见面的时间很短，只有一个晚上的时间，是住在中组部招待所里。但父亲那忠厚、朴实的形象，给我留下的印象很深，至今还留在我的记忆里。随后，父亲就回到华中抗日前线去了，我和弟弟就再也没有见到他了……

在会议期间，由于华中抗战局势紧张，叶挺军长先后几次发电催促项英早日回部。因此，项英在参加党的六届六中全会的全体会议后，经中央批准于 10 月 3 日提前离开延安，一路辗转于 10 月 22 日回到了皖南云岭新四军军部。项英这次去延安参加党的六届六中全会，于 7 月 28 日从云岭动身，到 10 月 22 日返回云岭，往返共 87 天时间。

项英从延安回到云岭后，迅速向东南分局和军分会委员传达党的六届六中全会精神和中央主要领导人对新四军和东南地区党的工作的指示。由于项英离开延安时，党的六届六中全会只是刚刚开完全体会议，所以项英传达的会议精神只是他离开延安前的一些情况。

11月6日，在项英离开延安1个多月后，党的六届六中全会闭幕。会议决定撤销长江局，成立中原局，由刘少奇兼任书记；另成立南方局，由周恩来任书记；东南分局改为东南局，仍以项英为书记。

制定"总方针"，坚守皖南抗日阵地

1939年2月中旬，项英接到电报，得知中共中央政治局委员、中央军委副主席周恩来由重庆乘飞机来皖南新四军军部视察，届时在重庆的叶挺也陪周恩来同回皖南。项英对此非常高兴，他立即和其他领导人一起，着手准备汇报及接待事宜，并派作战科长、侦察科长前往金华，专程迎接周副主席和叶军长归来。

2月23日下午，周恩来、叶挺等乘竹筏，沿着青弋江顺流而下到达章家渡，受到项英、陈毅、袁国平、周子昆、曾山、李一氓等领导人的热烈欢迎。章家渡与云岭相距10余华里，项英请周恩来等骑马前往，但周恩来建议大家还是坚持步行为好，还可以边走边谈。因此，项英和周恩来、叶挺等人一路步行来到了云岭。

当天晚上，项英在云岭设宴为周恩来和叶挺接风洗尘。项英首先致词，代表东南局、军分会和新四军军部，向从数千里外长途跋涉来皖南指导工作的周副主席和为抗日战争四处奔波的叶军长安全返部表示欢迎。

周恩来在讲话中，转达了党中央、中央军委和毛主席对叶挺、项英及战斗在大江南北的新四军指战员的问候。他说，党中央、中央军委和毛主席对新四军迅速编组集中是满意的，对新四军的战略展开和已经取得的胜利是高兴的，对新四军在敌后斗争中的困难是理解的，对新四军在华中敌后的作用是寄予厚望的。他祝愿新四军在党的六届六中全会精神指引下，在抗战进入新阶段的形势下，取得更大的胜利。

2月24日晚，在新四军军部大礼堂（陈家祠堂）举行欢迎周恩来的文艺晚会。军部、东南局机关和军直属队部分官兵参加了欢迎晚会。叶军长在文艺演出前发表讲话，对周副主席的到来表示热烈欢迎，强调要以战斗的胜利，来回答中共中央和中央军委的关怀。陈毅作为周恩来留法勤工俭学的老同学、老战友，在到会人员的热烈要求下，也高兴地登台用法语高唱《马赛曲》，把会场的气氛引向了高潮。

周恩来在视察新四军军部期间，同叶挺、项英等多次进行交谈，对新四军的发展方向和干部调整配备等问题，进行了具体的研究，根据当时的斗争形势，制定了新四军"向南巩固，向东作战，向北发展"的总方针，并向中央做了汇报。

3月6日，新四军召开会议，听取周恩来关于《形势与任务》的报告。在这次会议前，新四军秘书长李一氓根据项英的指示，组织速记人员认真速记，连夜整理出题为《目前形势和新四军的任务》一文，第二天交稿给周恩来审阅。周恩来对此非常满意，称赞速记人员培养得好，速记的质量高，记录和整理的速度快，并提出能否调一两名随他到重庆工作。项英立即让政治部主任袁国平和秘书长和李一氓负责，推荐挑选吴博、方卓芬两名速记员，随周恩来去了重庆。

3月14日，叶挺、项英等领导人，怀着依依惜别的心情来到青弋江边为周恩来送行。周恩来和大家一一握手，然后和随行的20多人，乘坐竹筏离开岸边。

周恩来离开皖南后，项英和叶挺依据新四军"向南巩固，向东作战，向北发展"的总方针，为巩固皖南抗日前线阵地，对皖南部队的部署作了调整，积极开展敌后游击战争，破坏交通，袭击据点，以牵制和消耗敌人。同年4月下旬至5月上旬，新四军在铜陵、繁昌等地袭击敌人交通，伏击敌运输队，接连取得塌里王、谢家垄等战斗的胜利，毙日军近百名。

日军在塌里王、谢家垄等地遭到打击后，在

铜陵、繁昌一带沿江据点增兵，以维护其长江航运的安全。5月20日，驻繁昌荻港的日军700余人向孙村、马厂之线合击，驻铜陵顺安的日军700余人向黄木岭进行"扫荡"。新四军第1团、第3团、第5团等部依托有利地形予敌以猛烈打击，并派小分队袭击敌据点，迫敌撤回原防。这次反"扫荡"，毙伤日军300余名，保卫了皖南抗日前线阵地。但日军并不甘心失败，至同年11月先后多次向繁昌等地进行"扫荡"。谭震林指挥第三支队，采用诱敌深入、运动防御等战法，先后6次进行保卫繁昌的战斗，毙伤日军450余名。

项英对于保卫繁昌战斗的胜利极为重视，他认为第三支队在敌强我弱的情况下，能先后6次取得这样大的胜利是很不容易的，在坚持皖南抗战有特殊意义，表明新四军是能攻善守的队伍，和国民党的消极抗日、丢失大片土地形成鲜明的对照。为了表扬第三支队浴血奋战的精神，他亲自给《抗敌报》写文章，宣传保卫繁昌，屏障皖南的胜利，号召新四军各部队向他们学习，以取得更大更多的胜利。

1940年4月下旬，叶挺前往重庆向蒋介石要求增加弹药、增加军饷和增加新四军第五、第六支队的编制。这期间日军集中兵力从繁昌、南陵等地对皖南新四军进行"扫荡"，企图"快速作战"行动夺占南陵、泾县、青阳、太平等地。为保卫皖南根据地，项英亲临作战前线，从4月24日起指挥新四军第1、第3、第5团和军部特务营，在父子岭、何家湾九朗庙等地，采用伏击作战，先予敌以重大杀伤，接着又取得狮子山、汪家桥、铁门闩等战斗的胜利。至5月3日，迫使日军结束"扫荡"，原定夺占南陵、泾县、青阳、太平等地的"快速作战"行动也成为泡影。

同年10月，日军第15、第116师团各一部共万余人，分三路对皖南进行大规模的"扫荡"。10月7日，其中一路已经紧逼距云岭北约7公里的汀潭。由于情况危急，叶挺、项英联合署名下达命令，"从本人起至每个士兵，哪一个退出阵地，就得受枪毙处罚"。项英还带军部特务营和教导总队一部分人员直接上前线参加战斗。看到军长、副军长带头与阵地共存亡的战斗决心，大大激励了指战员们英勇拼搏的精神。这次反"扫荡"作战异常激烈，指战员们依托阵地，连续打退敌人 10 多次攻击，沉重打击了敌人的嚣张气焰。当晚，叶挺和项英派出精干的小分队，趁夜色从西南及东北各方向，同时向日军实施突袭，毙伤日军千余名。遭受重创的日军于 10 月 8 日晨东渡青弋江逃向泾县县城。新四军一面阻击，一面乘胜追击，又与敌激战于泾县县城南关。叶挺指挥部队继续猛攻，9 日晨收复泾县城。与此同时，战斗在铜陵、繁昌地区的新四军也向当面日军展开反击，予以大量杀伤后，迫使日军收兵回撤。

在这次反"扫荡"过程中，项英和中共皖南党组织，动员民众抬担架，搞运输，配合新四军作战。仅云岭、章家渡两地，就动员 3000 多人支援前线，对夺取反"扫荡"的胜利起了积极作用。至 10 月 11 日，日军对皖南的大"扫荡"以失败而告终，新四军取得了歼敌 2000 余人的重大胜利，受到皖南群众的赞颂，当时曾有这样一首歌谣在老百姓中间广为传唱："叶挺和项英，云岭村里蹲，为打鬼子真操心。鬼子进了汀潭村，四面八方新四军，打得鬼子翻不得身……"

新四军在皖南进行的英勇顽强的斗争，特别是1940年两次反"扫荡"的胜利，打出了威风，令敌人心惊胆寒，不敢再轻易进行"扫荡"，进一步巩固了皖南的抗战阵地，对坚持华中敌后抗战有着重要的意义。

局势逆转，血战皖南

1940年10月，新四军在皖南先后取得了粉碎日军万人大"扫荡"和黄桥战役的胜利，国民党顽固派却开始发动了第二次"反共"的高潮。10月19日，国民党政府以参谋总长何应钦、副参谋总长白崇禧的名义，致电（即"皓电"）八路军总司令朱德、副总司令彭德怀和新四军军长叶挺，诬蔑坚持华中抗战的新四军和八路军"破坏团结，破坏抗战"，强令在大江南北的八路军、新四军在一个月内撤到黄河以北地区。与此同时，蒋介石密令韩德勤、顾祝同等部，积极备战，准备进攻新四军。

项英和叶挺接到"皓电"后，立即同东南局、军分会成员及有关部门负责人开会进行分析研究。大家一致认为，国民党顽固派在华北掀起第一次"反共"高潮失败后，国共两党的斗争焦点转移到华中，也必然会影响到皖南。近日顽固派韩德勤制造摩擦，指挥主力进攻黄桥失败，国民党顽固派肯定会报复的。这个"皓电"就是国民党顽固派发动第二次"反共"高潮的信号。

10月21日，项英和叶挺接到周恩来的来电指示："蒋介石和何应钦逼新四军渡江之决定决不会取消，因此急应抢渡一部……在安徽无为地区渡江甚危险，因桂军不会放松此点，宜在无为以东地区渡江。"这是在国民党方面发出"皓电"以后，项英接到中央领导同志指示新四军皖南部队渡江北移的第一个电报。

随后，中央和新四军之间有过多次的电报往

来，就局势逆转，新四军北移之事进行商榷和探讨。10月28日，项英致电中共中央和中央军委，报告东南局、军分会对新四军皖南部队大部北移问题的讨论情况和意见。同日，叶挺去泾县国民党军第52师师部，会晤国民党军第32集团军总司令上官云相，商谈有关皖南新四军部队北移的问题。但历时3天仍无结果，10月30日返回云岭后，便立即与项英联名立即向毛泽东、周恩来报告了会晤的情况。

11月3日，毛泽东、朱德、王稼祥致电叶挺、项英："中央决定用朱、彭、叶、项名义答复，采取缓和态度，以期延缓反共战争爆发时间。对皖南方面，决定让步，答应北移。你们有何意见，盼立复。"

接到毛泽东、朱德、王稼祥的电报后，东南局、军分会即开会讨论，会后向毛泽东并周恩来报告称：经过讨论，同意中央对时局的意见与总方针，同意放弃皖南，使力量集中，指挥统一，以免陷于过去各苏区分散之教训。

为此，毛泽东在11月9日，以朱、彭、叶、项的名义复电何应钦、白崇禧（即"佳电"），历陈八路军、新四军 4 年来坚持团结抗战、抗击众多的日伪军、收复广大失地的事实，以及顽固派不断挑起摩擦和制造"反共"惨案的种种罪行，驳斥了何、白"皓电"的诬蔑，拒绝了其强令华中新四军、八路军全部北移的无理要求，同时为照顾抗战大局，坚持团结抗战，也做了一些让步，答应将江南的正规部队移至江北。

根据中央有关指示，新四军开始了东进北移的准备工作。但由于国民党军的百般阻挠和蓄意破坏，12 月 13 日，项英就皖南部队北移消息泄露、难以迅速北移问题，向毛泽东、朱德、王稼祥报告并转刘少奇、陈毅称：由于国民党到处散布我军北移，已引起敌注意，到处增加兵力严密封锁。到皖北道路上敌、顽军在沿江增兵筑工事，大部队渡江困难，仅可偷渡一部还要等待时机。苏南情况更紧张，如封锁线均增加日军，穿插甚不易。目前因行动已定，消息已泄露，无法保守秘密与突然行动，则应再延一时，待敌戒备稍弛，目前很难求得迅速北渡。电报还报告了顽军调动和部署的情况，提到国民党顽固派调兵企图进攻新四军皖南部队的问题。

12月14日，中共中央及时复电叶、项，就新四军皖南部队北移问题作了具体指示：

一、蒋介石为使我军移动不生变化起见，确已命令顾祝同通知各军加以协助，故阻碍是不会的，但你们仍须注意警戒。二、移动时间蒋限12月底移完，我们正交涉展限一个月，但你们仍须于本月内尽可能移毕。三、速向顾祝同请领应得之饷、弹。四、蒋以新四军正在移动，不同意项副军长来渝，因此中央决定项随军渡江，然后经华北来延安。五、关于小姚（按：指饶漱石）行动，以苏南游击区是否便于指导东南各省为断，如有此条件，以随曾山去苏南为有利，如不可能则去江北。六、叶、项二人均以随主力去皖东为适宜，资材及后方转移苏南者可由周子昆、小姚负责指挥。

但此时，苏南日寇已将溧武路与铁路严密封锁，在路北不断大扫荡，新四军人员与物资均停在路南无法通过，而国民党则令新四军北渡，同时又派重兵占领沿江口岸以围堵新四军，企图在北渡中予以歼灭。

为此，在 12 月 25 日，项英以个人名义致电毛泽东、朱德："顾祝同忽令新四军改道铜（陵）、繁（昌）渡江，而李品仙在江北布防堵截，皖南顽军复暗中包围，阻我交通，南岸须通过敌人的封锁线，江中须避敌艇袭击，非假以时日分批偷渡则不能渡，势将进返两难。"项英在此电中表明了此时北移将面临背水一战的不利局势。

　　中央接到项英的此电后，在 12 月 26 日给项英、周子昆、袁国平的电报中严厉指出："要克服动摇犹豫，坚决执行北移方针……如何克服移动中的困难，要你们自己想办法，有决心，冲破最黑暗最不利的环境，达到北移之目的。如有这种决心、办法，则虽受损失，基本骨干仍可保存，发展前途仍是光明的；如果动摇犹豫，自己无办法无决心，则在敌顽夹击下，你们是很危险的。

　　项英等人面对中央的这次严厉"责电"，知道已经没有任何商量和犹豫的余地，决定立即向江北转移！

　　1941 年 1 月 1 日，项英和叶挺以新四军名义，在给毛泽东、朱德、王稼祥的电报中表示："我们决定全部移苏南，乘其布置未完即突进，并采取游击作战姿态运动，发生战斗可能性极大。我们如遇阻击或追击即用战斗消灭之，遇强敌则采取游击绕圈，至万不得已时分散游击。"从中可以看出，项英和叶挺此时对东进北移已作了最坏的准备。

1941 年 1 月 4 日晚，叶挺、项英率新四军军部及皖南部队共 9000 余人，冒着蒙蒙的细雨，顶着凛冽的寒风，怀着无限留恋的心情，踏上了奉命东进北移的征途。

按照预定的行动计划，新四军皖南各部队分三路纵队北移。其中第 1 纵队为左路纵队，由土塘到大康王附近地区集中，通过球岭，向榔、桥河地区前进；第 2 纵队为中路纵队，由北贡里到达凤村附近地区集中，通过达茂林，向高坦、丕岭、星潭前进；第 3 纵队为右路纵队，由达茂林、铜山地区集中，向樵山、大麻岭、太平前进；军部机关和直属队从云岭出动，跟随 2 纵队后面行动，教导总队为后卫。

但此时在新四军皖南部队北移的路上，顾祝同根据蒋介石的密令，已经从宣城调来第 108 师，

从浙江抗日前线调来第 79 师、第 62 师，在茂林
周围地区布置了袋形阵地。另以第 40 师、第 144
师和新 7 师占领云岭、汀潭、中村等地阻击，准
备两厢夹击，就地"解决"新四军。

1 月 6 日晚，新四军第 1 纵队在向星潭、榔
桥方向前进途中，遭到顽军第 40 师的拦击，皖南
事变的枪声就此打响了！随后，各纵队先后与顽军
遭遇。

1 月 7 日中午，位居中路的第 2 纵队消灭了
在丕岭阻拦的敌人后，军部紧随第 2 纵队的后面
行动，在丕岭山脚下的百户坑休息。此时，第 2
纵队先头部队向星潭方向突围时与阻敌形成对峙。
周子昆和叶挺先后来到第 2 纵队的前沿，观察地
形，询问情况，但未定下如何突围的决心。周子昆
提议回去和其他首长再研究一下，叶军长同意后就
一起回到百户坑，召集项英、袁国平、李一氓和第
2 纵队司令员周桂生、政治委员黄火星等开会研究
突围路线。

在讨论中，出现了几种意见：一是立即后撤
沿来路回茂林，再渡青弋江，打太平、洋溪、石

埭、青阳，以求生存，但这个意见被项英否定了；二是翻过百户坑右侧山梁，由另一坑口打出去，但右侧山梁坑口是否为敌所封锁也不清楚，因此，这个意见也被否定；三是继续攻击当面之敌，不惜一切牺牲，从山口突围，但项英、袁国平、周子昆均不同意这个方案。对此，项英等人强调的理由是，我们部队历来不打硬仗，要在运动中消灭敌人，硬拼恐怕不行，即使攻下星潭，伤员多了也不好办，再说敌人凭徽水河固守，也不易突破，我们如果背水一战，反而不利。

这时，前面的形势严重，敌增援部队已赶到，情况不断传到百户坑军部会议室里。叶挺急了，他主张不惜牺牲，集中兵力从星潭打过去。对此，项英又同周子昆、袁国平等人商议后，决定大部队于当晚回撤到丕岭以西，另寻突破口。百户坑会议本是个紧急会议，由于会议期间对突围方向争论很大，犹豫不决，举棋不定，贻误了战机，项英最后又下了回撤丕岭以西的错误决定，造成后来不堪设想的后果。

1月8日中午，叶、项率部由里潭仓向濂岭

突围途中得到情报，特务团在濂岭正与敌第79师对峙，前方突围受阻。因此，军部的队伍又改向高岭方向突围，途中又碰见第3纵队司令张正坤负伤从高岭撤下来，得知敌第79师另一部正向高岭攻击前进，双方也在对峙中。此时天色已晚，叶、项又率军部折回里潭仓宿营，准备休息一夜后，改向茂林方向突围，仍从铜陵、繁昌渡江。

1月8日晚，叶、项得到情报：第144师已由茂林出发，准备进占高坦，堵住我后退之路。叶、项等当即集合部队出发，抢先于敌，经高坦向茂林方向突围。由于时间紧急，决定仓促，部队在两边都是高山的狭谷里无法调整，就由后卫变前卫，前卫变后卫。这时，军教导总队就由后卫变成前卫。周子昆鉴于前面没有战斗部队，急忙派参谋到后面将新3团的队伍调上去。因山区道路狭窄，就叫沿途的机关部队靠一边让路，让战斗部队赶到前面，迅速击退顽敌，进占了高坦。

当军部冒雨到达高坦时，已是1月9日凌晨。此时大雨不停，道路泥泞难行，天时、地形对部队行动都不利。项英、袁国平、周子昆和大家站在路边淋着雨，因非常疲劳，人一坐下来就睡着了。这时，前方突然枪声密集，情况表明是我新3团和阻敌第144师发生激战，前往茂林方向也已经受阻。

此时，由于叶军长和饶漱石宿在徐家祠堂，没有和其他军首长在一起，周子昆便让参谋叶超去请叶军长开会商量决策。叶超到数百米之外的徐家祠堂时，见到叶军长和身边的警卫员等人正在里面烤火，叶超汇报了一下情况，说其他首长请军长过去一起开会研究一下怎么办。叶挺说还有什么好研究的，只有坚决打才能冲出去。叶超见叶军长不高兴，也知道他对百户坑会议的决策不满意，就没敢再讲下去。又过了一会儿，见叶挺还没有表态，也没有动身去开会的样子，便以查看情况为由，出去向项、袁、周汇报。但他回到原来的地方时却没有找到项、袁、周他们，便又急忙回徐家祠堂将未见项、袁、周的情况向叶挺作了报告。

叶挺发现项英、袁国平、周子昆等不见了，便和随他行动的中共中央东南局副书记饶漱石商量，并联名向党中央和中原局领导人刘少奇等发

电报告：项英等今晨率小部武装不告而去，行向不明。

随即，叶挺收到刘少奇的复电：军事上由叶挺负责，政治上由饶漱石负责，要他们积极支持，挽救危局，并说明已建议中央撤项英的职。随后，毛泽东、朱德、王稼祥也来电要求全军服从叶、饶指挥，执行北移任务，"惟项英撤职一点暂不必提"。

1月9日，叶挺指挥部队与茂林顽军展开一天的激烈战斗，给敌以重大杀伤，迫敌退守茂林的东陈岗。当晚，因强攻东陈岗未克，叶挺决定甩开茂林之敌，率新3团、老3团、教导总队及军直属队撤离高坦，向东北方向的石井坑、大康王转移，准备从泾县、丁家渡之间渡青弋江向北突围。从高坦到石井坑虽只有10多华里，但由于山路崎岖，加上雨后道路狭窄难行，走走停停，到1月10日早晨才到达。

1月10日上午，第3支队第5团来到石井坑，第1团、特务团的部分队伍也来到石井坑，加上新3团、老3团、教导总队、军直属队等共5000人左右。军部驻大园村。叶军长决定在石井坑构筑工事坚守，并开会作了具体部署。

再说1月9日凌晨，项英、袁国平、周子昆等人，在高坦路旁见去找叶军长的参谋迟迟没回来，加之顽军大部队逼近，枪声密集，感觉在路旁等候不安全，便在黑暗中向山上转移。天快亮时，他们走进一间烧炭人住过的茅草屋里生了一堆火，边烤火，边商量如何突围的问题，疲劳不堪的他们，不知不觉地靠在火堆旁便睡着了，一觉醒来已是傍晚时分。此时，由于他们已经与叶挺等人失去了联系，项英、袁国平、周子昆等人便在这个茅草屋又待了一个晚上。1月10日早晨，忽然听到山下有人吹号，懂得号谱的周子昆高兴地说："这是我们的号声。"他们往山下一看，正好有一列队伍正从山下经过。周子昆说："是我们自己人，赶快下去吧！"他们下去一问，才知道这是第5团1营1连的队伍，正奉命前往石井坑叶军长处，他们一行10多人便跟着去了石井坑。

项英在石井坑同叶军长、饶漱石见面时，还没有来得及作出解释，饶漱石便将中央的回电拿出来给项英等人看了。项英看后感到后悔莫及，十分内疚，但一时又说不清他们离队出走的原因。特别是得知叶、饶已将他们离队出走的情况报告中央后，感到事态的严重，便以个人名义向党中央报告："今日已归队……此次行动甚坏，以候中央处罚。我坚决与部队共存亡。"

在项英回到石井坑的当天，叶挺仍以叶、项的名义致电毛泽东、朱德："我全军被围于泾县、茂林以南，准备固守，可支持一星期。请以党中央及恩来名义，速向蒋、顾交涉，以不惜全面破裂威胁，要顾撤围，或可挽救。上下一致，决打到最后一人一枪，我等不足惜。一周后如无转机，则将全部覆没。"这也是项英革命生涯中给中央发出最后一份署名的电报。

1月12日，党中央作出决定并电告叶挺："一切军事、政治行动均由叶军长、饶漱石二人负总责，一切行动决心由叶军长下，项英同志随军行动北上。"项英对此毫无怨言，表示完全拥护党中央的决定，不再参与新四军的领导决策。也就是在这一天的下午，顽军集中兵力攻占了石井坑。叶挺在向延安发出情况万分紧急、弹尽粮绝、再难坚守的电报后，决定分两路突围：叶挺、饶漱石为一路；项英、袁国平、周子昆为另一路。

在突围中，途中经过几次作战后，项英与袁国平、周子昆失散。1月15日上午，袁国平在作战中身负重伤，在当天下午抢渡青弋江时，因为不想牵连更多的战友为他牺牲，便在担架上拔出手枪自杀牺牲。

1月16日，项英带着警卫和随从10余人在突围的途中，意外地遇到了周子昆及其警卫员黄诚等人。他们会合后转移来到一个名叫螺丝坑的地方隐蔽下来。当地的群众很同情新四军，也帮助他们打听消息。过了几天有人告诉项英："对面山沟里也有新四军。"当天晚上，项英派警卫员夏冬青去联系，找到了作战部的参谋李志高和谢忠良等人。随后，他们又先后和军务部参谋刘奎、政治协理员杨汉林、军需处副处长罗湘涛、新四军驻上饶办事处主任胡金魁及第5团2营营长陈仁洪、副营长马长炎等伤病员联系上。就这样像滚雪球一样，到了2月下旬，已经集中70多名失散人员。

这期间，军部副官处三科的刘厚总出现在项

英面前，主动要求留在项英身边做贴身警卫。此前，项英并不太熟悉刘厚总，但看到这种严峻的情况下，刘自告奋勇做自己的警卫，还是很受感动。因此，也没有多想，便把他留在自己的身边。

项英担心总在一处隐蔽容易被敌人发现，便在当地的地下党员姜其贵的建议下，率领聚集人员转移到泾县与旌德县交界处的石牛窝。这里曾是三年游击战的游击区，地理条件和群众条件都比较好，山势绵亘峻峭，林竹茂密，特别是靠近山顶西侧有一个蜜蜂洞，位置很隐蔽，蜜蜂洞下面约百米处有一平台，能搭棚住人，便于观察。项英对于这个新选的隐蔽地点十分满意，决定在此处再隐蔽一段时间。

2月底，项英和周子昆等人移至石牛窝后，为避免过于集中暴露目标和解决吃饭问题，决定分散在几处隐蔽。其中，项英和周子昆、黄诚、刘厚总4人住在上面的蜜蜂洞；谢忠良、李德和、郑德胜、夏冬青等10多人住在下面靠悬崖搭的棚子里负责警卫观察；刘奎等几人住在石牛窝村子里负责与群众联系；李志高、罗湘涛、杨汉林、李元等

30多人在铜山、水岭一带活动，负责筹备给养；陈仁洪、马长炎等20多名伤员在石牛窝后面的金毛山隐蔽养伤。

3月13日，项英安排刘奎带着郑德胜、张益平、何继生去水岭李志高那里挑粮食，顺便再买点油、盐回来；安排李德和去找中共泾县县委书记洪林，同皖南特委负责人联系配合突围的事。

这天晚上项英的心情比往日轻松，因为同皖南特委已取得联系，突围去江北指日可待。到晚上10点多钟时，项英和周子昆还在交谈，刘厚总也坐在边上听着。黄诚见已经很晚了便提醒说："天很晚了，首长睡觉吧！"周子昆回答说："你先睡吧，我们一会儿就睡。"过了一会儿，项英、周子昆、刘厚总也都睡下了。

可是，大家万万没有想到，就在这寂静的山洞里，一个卑鄙的灵魂却正在实施一个罪恶的阴谋。3月14日清晨时，突然雷声大作并下起大雨来。心怀罪恶的刘厚总以雨声、雷声、风声作掩护，悄悄爬起来，掏出驳壳枪，朝项英头部、周子昆的胸口各连放两枪，项、周当场就牺牲了。睡得正熟的黄诚被枪声惊醒，意识到出事了，便抬手去摸枪，刘厚总又朝他连开三枪，分别打在他的右臂和脖子上，也立刻昏死过去。刘厚总这个罪大恶极的叛徒，看到项英、周子昆、黄诚都死了，便将项英、周子昆身上携带的黄金、钞票都搜出来，又摸走了项英和黄诚的手枪，便匆匆下山逃走了。

按照惯例一清早就去蜜蜂洞看望首长的夏冬青，天亮后到洞里一看现场便呆住了，随即赶紧跑到下面悲痛地对谢忠良、李德和等人说："不好了！项、周首长被打死，黄诚被打伤。"大家便一起往上面的洞里跑。

在此期间，趁早运粮刚回到石牛窝的刘奎、郑德胜、张益平、何继生，正好在途中看到慌慌张张的刘厚总，说是项英让他下山找地下党，虽然他们当时有点怀疑，但谁也没想到这是个杀害首长的叛徒。当他们赶到蜜蜂洞看到项英、周子昆两位首长已经遇害，感到万分悔恨。

谢忠良当即同大家作了研究，判定刘厚总杀害项、周首长后会很快投敌，把敌人引来，便对大家说："我们先把项副军长和周副参谋长的遗体埋葬好，做上记号，等到革命胜利后，我们再来这里把首长取出重新安葬。请大家记住，项副军长穿的是布鞋，容易腐烂，周副参谋长穿的皮鞋，三五年不会烂，以后我们来取时要注意这个区别。"于是，大家在离蜜蜂洞100多米处的石崖下面，用原来向老百姓借来平整洞里地面的锄头扒开碎石，挖了两个坑，怀着悲痛的心情，将项英、周子昆的遗体用仅有的两条毯子包着，分别放在坑里埋葬。为了区别，将项英的遗体埋在稍上一点的坑里，头朝东；将周子昆的遗体埋在稍下一点的坑里，头朝西。谢忠良提醒在场的同志，要牢记这个地方和项、周遗体埋葬的区别。

这天黄昏，谢忠良在将黄诚安排在石牛窝地下党员姜其贵家里养伤后，便率领大家离开赤坑山，向铜山转移，去同陈仁洪、马长炎、李志高、罗湘涛、杨汉林、李元等会合。1个多月以后，这些失散人员在地下党组织的配合下，经铜陵、繁昌秘密突围，去了江北。

尾 声

1952年6月，江西省新余县公安局在人口户籍普查时发现一个形迹可疑、来历不明的屠夫，经审讯得知这个屠夫就是在皖南事变中杀害项英、周子昆的叛徒刘厚总。

原来，刘厚总在跟随项英、周子昆突围期间，发现他们的内衣中夹藏有黄金和法币后，心中就有了"谋财害命"的预谋。在1941年3月14日的那个风雨雷鸣的清晨，他终于露出了罪恶的面目，举枪杀害了项英、周子昆，得到了黄金9两，法币3万余元，然后直奔国民党在县城的党部投案自首。

当刘厚总说是他杀死了项英、周子昆时，国民党县党部里却没人相信他的话。于是，刘厚总又被以新四军的嫌疑犯移送到皖南行政公署监狱等处关押起来，再后来国民党见他也没有什么用处，就发给他一笔钱把他释放了。刘厚总看国民党不要他，共产党也在抓他，就隐姓埋名，到处流窜，苟且偷生，但最终也难逃法网。时任华东局书记、上海市市长陈毅获悉杀害项英、周子昆的叛徒落网后，立即指示江西省公安政法部门尽快结案。1952年8月，刘厚总这个罪大恶极的叛徒在南昌被执行死刑。

在此期间，项英、袁国平、周子昆的家人也向组织提出要求，希望寻找烈士遗骸正式予以安葬。曾参加掩埋烈士遗体的原新四军军部参谋、时任皖南军区副参谋长的刘奎正在南京军事学院学习，也向组织反映了掩埋烈士遗体的情况，主动请求带路参加寻找烈士的工作。此事也得到3位烈士的老战友、时任华东军区司令员陈毅和南京军事学院院长兼政治委员刘伯承的大力支持。于是，寻找3位烈士遗骸一事，在1952年7月23日由华东军区（后为南京军区）上报军委总政治部并于当月7月29日得到批复。

1952年8月14日，刘奎带着项英、袁国平、周子昆的家人代表和当时了解情况的有关人员，专程去皖南泾县项英、周子昆遇害地点蜜蜂洞和袁国平牺牲地点找寻3位烈士的遗骸。在当地人民政府和群众协助下，很快在蜜蜂洞附近，找到项英、周子昆的遗骸。袁国平的遗骸，也在当时掩埋的地点找到。3位烈士的遗骸分别包装后，于8月26日运到南京。

1955年6月19日下午，南京军区在南京雨花台烈士陵园以南的"三烈士墓园"举行公祭安葬仪式。南京军区领导人和机关干部代表，江苏省、南京市党政机关领导人和机关干部代表，驻南京军事院校代表共数百人，同烈士遗属一起参加了庄严、隆重的安葬仪式。

当年南京军区举行公祭3位烈士入殓安葬仪式，对内对外均未作报道。但当地人民群众都知道，"三烈士墓园"中安葬的是皖南事变中牺牲的3位将军烈士。每逢清明和重大节日，许多南京群众就会自动前往扫墓，寄托哀思和表达崇敬心情。

1990年，项英的家乡湖北省武昌县（现武汉市江夏区）人民要求为项英立铜像作纪念。经逐级上报后，得到中央领导同志和有关部门的批准。时任中共中央政治局委员、中共中央党史领导小组组长、国家主席杨尚昆，为铜像写下了"项英同志浩气长存"的题字，刻在铜像底座。著名雕塑大师刘开渠为其铜身塑像，矗立于青龙山森林公园。

1998年5月，经党中央批准，解放军总政治部、中央党史研究室举行纪念项英同志诞辰100周年座谈会。时任中央政治局委员、中央军委副主席、国务委员兼国防部长迟浩田代表中央和军委讲话时指出，"项英同志是杰出的无产阶级革命家，工人运动的著名活动家，党和红军早期的领导人之一，新四军的创建人和主要领导人之一、抗日战争的名将之一"，高度评价了项英为中国人民解放事业所建立的历史功绩。

2000年12月，中央批准泾县云岭新四军军部旧址为爱国主义教育基地，并在此竖立项英铜像，慰藉英烈，教育后人。随后，原武昌城内的巡道岭（现粮道街265号）项英的办公居住地也被列入文物保护单位，成为我国早期工运纪念馆。

2003年5月，经中央军委批准，军事科学院组织编辑整理的《项英军事文选》由中央党校出版社出版，共选辑 256 篇项英署名的重要文章和重要文电，总计 59.5 万字。这不仅仅是项英军事理论和军事实践的重要实录，也是项英对毛泽东军事思想形成和发展所作贡献的历史见证。

后　记

　　本书是笔者应军事科学院解放军党史军史研究中心约稿而写的。因为笔者从事军事历史研究的关系，曾较早接触过有关项英的点滴史料，但真正从事对项英的深入研究，则是笔者从 20 年前参加编写《项英军事文选》开始的。

　　2001 年的 3 月，经中央军委批准，军事科学院成立了《项英军事文选》编辑委员会，另在军事历史研究部下设《项英军事文选》编辑组，并确定由笔者担任课题组的组长。在此后的两年间，笔者和编辑组人员先后走遍了项英生活、工作、战斗过的许多地方，到军事科学院图书馆、中央档案馆、中央组织部档案馆、解放军档案馆和湖北、湖南、浙江、江西、四川、福建、江苏、安徽省档案馆、上海市档案馆、南京市档案馆及南京市第二档案馆等单位，广泛收集有关项英的历史文献资料，上述省市的有关党史研究部门也给予了大力支持。

在编辑整理《项英军事文选》的过程中，原军事科学院军事历史研究部副部长李维民、原军事科学院军事百科研究部副部长王辅一、中央档案馆原副馆长沈正乐、中央党史资料征集委员会原办公室主任李志光、中央党史研究室一部原副主任王秀鑫、军事博物馆原编审办公室主任阎景堂、武汉市江夏区党史办原主任柯希树等老领导、老专家，应邀作为本书的特邀编审，在收集资料、审读文稿、编辑整理等工作中，给予了很多的帮助和指导。笔者在多年后的今天应邀撰写本书时，依然对这些老领导、老专家充满着深深的感激和忆念之情。同时，也要感谢当年《项英军事文选》编辑组的所有同事们，因为本书的撰写你们也有劳绩。

从一定意义上说，真实的历史总是在历史的隐秘处，笔墨记述的历史总是有缺欠处。项英作为我党我军重要的领导人之一，他的一生波澜壮阔，始终站在中国革命历史的潮头，经历了我党我军历史上许多重大的事件，对其历史的功过是非曾有过一些不同的看法和评价。笔者在此想要说的是，本书记述的不是项英的全部历史，其所经历的一些重大历史事件，限于本书的篇幅及其他一些原因，有的没有提及，有的没有展开详述，有的则是拙笔难述。本书只是寻踪项英革命历史中的部分片段，若有错漏之处，还望读者批评指正。

在编写过程中，得到军事科学院军队政治工作研究院领导和机关的大力支持；赵一平、康月田、李平、李博、陈政举等多位专家学者进行了审读，提出了宝贵的意见。

主要参考资料有《项英军事文选》《中国工运史研究资料》《红色中华》《南方三年游击战争·赣粤边游击区》《新四军·回忆史料》《新四军·文献》等。在此，谨向关心帮助本书写作的军事科学院解放军党史军史研究中心的领导和专家学者致以诚挚的谢意。

图书在版编目（CIP）数据

项英 / 军事科学院解放军党史军史研究中心编. --北京：学习出版社，2022.11

（中华先烈人物故事汇）

ISBN 978-7-5147-1103-5

Ⅰ.①项… Ⅱ.①军… Ⅲ.①项英（1898—1941）—传记 Ⅳ.①K825.2

中国版本图书馆CIP数据核字（2021）第254515号

项英

XIANGYING

军事科学院解放军党史军史研究中心

责任编辑：彭绍骏　　　　封面绘画：刘书移
技术编辑：朱宝娟　　　　内文插图：韩新维
美术编辑：杨　洪　　　　装帧设计：楠竹文化

出版发行：学习出版社
　　　　　北京市东城区崇外大街11号新成文化大厦B座11层
　　　　　（100062）
　　　　　010-66063020　010-66061634　010-66061646
网　　址：http://www.xuexiph.cn
经　　销：新华书店
印　　刷：北京盛通印刷股份有限公司

开　　本：787毫米×1092毫米　1/32
印　　张：5.5
字　　数：78千字
版次印次：2022年11月第1版　2022年11月第1次印刷

书　　号：ISBN 978-7-5147-1103-5
定　　价：21.00元

如有印装错误请与本社联系调换，电话：010-67081356